W0095296

Was steckt für mich drin?

Wir entdecken uns selbst
in Erzählungen der Tora!

Stephen Lewis Fuchs

Was steckt für mich drin?

Wir entdecken uns selbst
in Erzählungen der Tora!

Übersetzt und herausgegeben von Ursula Sieg

mutual blessing edition

Struvenhütten 2015

Frontiszip: Foto eines Glasfensters aus der Synagoge Beth Israel, West-Hartford, Connecticut, USA mit der Darstellung des Aufbruchs von Abraham und Sarah; Rückseite: Foto von Rabbiner Stephen Lewis Fuchs (2015). © Lena Stein Photography, Avon, Connecticut

Impressum

Stephen Lewis Fuchs: Was steckt für mich drin? Wir entdecken uns selbst in Erzählungen der Tora! Übersetzt und herausgegeben von Ursula Sieg, Struvenhütten, September 2015.

Originalausgabe: What's in It for Me? Finding Ourselves in Biblical Narratives, Norderstedt 2014. © Stephen Lewis Fuchs www.findingourselvesinbiblicalnarratives.com

© by mutual blessing edition, 24643 Struvenhütten 2015

Layout und Satz: Dr. Serafine Christine Kratzke, Kiel Schriften: Miriam & Arial

Gedruckt auf säurefreiem und alterungsbeständigem Bilderdruckpapier. Druck und Bindung: Hansadruck Kiel Printed in Germany

Bibliographische Information Der Deutschen Bibliothek
Die Deutsche Bibliothek verzeichnet diese Publikation in der Deutschen Nationalbibliografie; detaillierte bibliografische Daten sind im Internet über http://dnb.ddb.de abrufbar.

ISBN: 978-3-9817459-0-0

Inhalt

Vorwort Dr. Heidi Hadsell Präsidentin des Hartford Seminary, Hartfort, Connecticut – USA

Dies hier ist die Geschichte des Volkes Israel wie sie in Genesis und Exodus berichtet wird, von der Schöpfung bis an die Grenze zum Verheißenen Land. Auf den folgenden Seiten hilft der Autor dem Leser und der Leserin sich selbst in den biblischen Erzählungen zu finden und zwar als jemand, der und die wie Israel mit Gott kämpft.

Die Wahrheit der Gesamtgeschichte, wie in den Geschichten aus der sie sich zusammensetzt, ist in dieser Auslegung vorrangig als moralische Wahrheit zu verstehen. Rabbi Fuchs schreibt: „Gott und die Tora wollen, dass wir unsere Kraft einsetzen, um eine gerechte, fürsorgliche und mitfühlende Gesellschaft zu schaffen. Wir herrschen über die Erde und sind verantwortlich für sie. Wir haben bewundernswerte Macht, die wir zum Guten oder zum Bösen gebrauchen können. Wir haben einen freien Willen und darum die Wahl zwischen beidem."

Auf den folgenden Seiten werden die Leser und Leserinnen viele hilfreiche Einsichten finden, was die Texte der Tora für das tägliche Leben bedeuten können. Diese Einsichten werden ehrlich und unkompliziert weitergegeben. Sie wurden in vierzig Jahren Leitung und Leben in Gemeinden und in Jahrzehnten des Studiums gesammelt, in denen Rabbi Fuchs und die Gemeindeglieder die Schrift diskutierten und von ihr geformt wurden.

Es wird darüber hinaus deutlich, dass dieses Buch nicht allein für Jüdinnen und Juden gedacht ist. Die Zielsetzung ist – nicht in engem Sinne, sondern sehr weit gefasst – seelsorgerisch. Die Erläuterungen erreichen auch

Menschen, die nicht viel über die Hebräische Bibel wissen. Sich nicht-jüdischen Glaubensrichtungen zurechnende Leserinnen und Leser werden von Fuchs' bemerkenswerter Erfahrung aus unzähligen interreligiösen Begegnungen profitieren.

Schließlich werden die Leserinnen und Leser Ermutigung in diesen Seiten finden. Fuchs bezieht die Bedeutung der Texte auf unser konkretes, gegenwärtiges Leben und zeigt uns, dass jede und jeder (glaubend oder nicht) sein kann, was wir sein sollen – wie Rabbi Fuchs es schreibt: „Auch wenn wir nicht an Gott glauben, können wir Leben und Segen wählen für uns selbst und für andere. Das ist die Entscheidung, die wirklich wichtig ist."

Heidi Hadsell Ph. D.
Präsidentin des Hartford Seminary
Hartford, Connecticut, USA

Vorwort von Stephen Fuchs

Dieses Buch ist das Ergebnis von mehr als vierzig Jahren des Denkens, Schreibens und Überarbeitens. Als ich mit fünfzehn Jahren Schüler in der Konfirmandenklasse[1] war, lehrte uns mein Rabbi, Avraham Soltes, dass eines der Kennzeichen einer reifen Persönlichkeit ist, dass sie eine persönliche Lebensphilosophie entwickelt hat. Damals hatte ich keine Ahnung, was „Lebensphilosophie" bedeutet. Jetzt mit neunundsechzig Jahren weiß ich es hoffentlich.

Einfach ausgedrückt: „Ein guter, fürsorglicher Gott möchte, dass jeder und jede von uns seine und ihre Begabungen – was immer es sein mag – nutzt, diese Welt besser zu machen." Die biblischen Erzählungen, die ich erläutere, beziehen sich auf diese zentrale Idee. Die Erzählungen können unser Leben bereichern, ganz gleich, ob wir religiös sind oder nicht.

Das Buch-Projekt begann 1974, als der Runde Tisch der Rabbiner in Baltimore mich einlud, für ihre Region

---

1 Anmerkung der Herausgeberin: In der ersten Hälfte des 19.Jh. bildete sich das Reformjudentum – auch progressives oder liberales Judentum – u. a. in Anlehnung an die Reformation und den Protestantismus heraus. Das geschah nicht nur konzeptionell, sondern auch in der Übernahme einiger Praktiken, so z. B. der Orgel und der Konfirmation. Während das Reformjudentum in Europa in der Nazi-Zeit fast völlig vernichtet wurde, begründete es in den USA eine eigene Tradition, die heute die mitgliederstärkste Richtung des Judentum darstellt. In den reform-jüdischen Gemeinden wird die Konfirmation mit vorausgehendem Unterricht zwei bis drei Jahre nach der Bar Mitzwa oder Bat Mitzwa gefeiert. Vergleich zur Entstehung des Reformjudentums: M. Brenner, S. Jersch-Wenzel, M. A. Meyer: Deutsch-jüdische Geschichte in der Neuzeit, München 1996, Bd. 2, S. 125 ff.

Kurse zur Einführung in das Judentum zu geben. Sie richteten sich an Menschen, die überlegten, zum Judentum zu konvertieren, oder Partnerinnen und Partner von Juden, die aber nicht konvertieren wollten. Auch Jüdinnen und Juden waren willkommen, die ihre jüdische Bildung erweitern wollten.

Während ich diesen Kurs unterrichtete, fand ich viele gute Bücher, die die jüdischen Feste und die Ereignisse eines jüdischen Lebenslaufes erklären. Was ich aber vermisste, war eine hinreichend schlüssige und verständliche Darstellung der wesentlichen religiösen Ideen, die sich aus den biblischen Erzählungen ableiten lassen.

Ich füllte diese Lücke, indem ich das Manuskript zu diesem Buch zu schreiben begann. Weiteren Ansporn gab die Einladung des Lutheran Theological Seminary of Philadelphia, zukünftigen Lutherischen Pastoren eine „Einführung in jüdisches Leben und Denken" zu geben. Als mir ein Sabbatical von meiner Arbeit auf der ersten Vollzeit-Rabbinerstelle am Tempel Isaiah in Columbia, Maryland, gewährt wurde, lebten meine Familie und ich in Jerusalem, wo ich mich auf dieses Thema konzentrierte.

1988, als ich Senior Rabbiner der Gemeinde The Temple, Congregation Ohabai Sholom in Nashville, Tennessee, war, begann ich einen vierjährigen Teilzeitkurs an der christlich-protestantischen Vanderbilt University Divinity School, der zum Doctor of Ministry führte. Auch hier konzentrierte ich mich auf das Bibelstudium. Meine Dissertation war ein Text für eine Konfirmation mit einer kreativen Liturgie, die die Gemeinde auf eine spirituelle Reise von der Schöpfung bis zur Offenbarung der Tora am Berg Sinai mitnimmt.

Dies war eine sorgfältig ausgearbeitete Version dessen, was ich 1974 zu schreiben begonnen hatte. Seitdem habe ich den Text mehrfach revidiert und redigiert. Auch habe ich ihn für Kurse am Hartford Seminary, am St. Josephs College in West Hartford, Connecticut, sowie an verschiedenen Instituten für christliche Geistliche verwendet.

Und nun bin ich bereit, es denen anzubieten, die auf einem nicht-fundamentalistischen Weg lernen wollen, wie sich die erzählerischen Abschnitte der Tora auf ihr Leben beziehen lassen.

Es ist unmöglich alle zu nennen, denen ich über all die Jahre, die dieser Band durchschritt, Dank schulde. Die Ungenannten mögen mir vergeben. Meine Dankbarkeit gilt vor allen anderen meiner Frau Vickie für Ermutigung und Unterstützung in den letzten einundvierzig Jahren. Ich freue mich über die Liebe und Unterstützung meiner Kinder mit ihren Ehepartnern Leo und Liz, Sarah und Dan, Ben und Kristin. Meine Enkelkinder Zachary, Micah, Jeremy, Noa und Flora sind ein großer Segen in meinem Leben. Ich bete, dass sie eines Tages dieses Buch lesen werden und es ihnen wichtig wird.

Rabbi Stephen Lewis Fuchs West-Hartford, Connecticut, Erev Rosh HaShanah 5776

12

Vorwort der Herausgeberin und Übersetzerin zur deutschen Ausgabe

Ich habe Rabbi Stephen Fuchs 2012 kennengelernt. Wir haben uns in mehrfacher Hinsicht getroffen. Zu einem ersten Gespräch in seiner progressiv-jüdischen Gemeinde Beth Israel in West-Hartford, Connecticut, USA und dann in vielem, was uns ausmacht und wichtig ist. Wir sind beide bibelverliebt. Der Weg dahin begann mit dem Konfirmandenunterricht. Stephen Fuchs und ich haben uns in dem intensiven Wunsch und Bemühen, die Bibel zu verstehen und für das tägliche Leben fruchtbar werden zu lassen, getroffen. Wir finden uns dabei in der Mitte zwischen Fundamentalismus und Bibelvergessenheit. Fundamentalistisches Bibelverständnis ist in den USA sehr viel stärker ausgeprägt als in Europa. Aber auch bei uns ist ein liberaler Weg, die Texte der Bibel sinnvoll auf sein Leben zu beziehen, nicht einfach zu finden.

Stephen Fuchs weist seinen Weg, gespeist aus vierzig Jahren unermüdlichem, vitalen Interesse an den immer gleichen, aber nie ausgeschöpften Texten der Tora. Sie leiten an, Gottes Weisungen zu erfüllen und zu werden, wie Gott ist: gerecht, fürsorglich, mitfühlend.

Es ist zu spüren, dass er auf diesem Weg selbst schon ein gutes Stück vorangekommen ist. Als er und seine Frau Victoria 2014 Deutschland besuchten, haben sie ihr Mitgefühl sogar die spüren lassen, deren Eltern- und Großelterngeneration ihre Großeltern und Eltern verfolgt haben. Die Tora lehrt, dass die Kinder nicht für die Taten ihrer Eltern haften, darum gehen beide auf uns heutige Deutsche ohne Ressentiments zu.

Stephen Fuchs' Predigten in Synagogen und Kirchen waren ein Erlebnis. Er lebt, was er predigt, und seine Worte bewegen Menschen zutiefst. Darum habe ich sein Buch „What's in It for Me? Finding Ourselves in Biblical Narratives" ins Deutsche übersetzt und herausgegeben. Ich kann das Erlebnis seiner Person nicht mehr von seinen Worten trennen. Daher kann ich leider selbst nicht beurteilen, ob es mir beim Übersetzen gelungen ist, sein Engagement, sein Mitgefühl und seinen Witz ins Deutsche hinüber zu holen. Ich habe mich bemüht.

Als lutherische Theologin würde ich an vielen Stellen andere Wege der Auslegung gehen. Aber Stephen Fuchs' an der Midrasch-Literatur orientierte erzählende Auslegung, ist in jedem Fall wert, studiert zu werden. Sie führt in eine Tiefe, in der sich dem eigenen Nachdenken neue Quellen erschließen.

Einige zentrale Begriffe sind erläuterungsbedürftig, da sie durch bloße Übersetzung aus ihren Kontexten herausgerissen werden, die zum Verständnis wichtig sind.

Stephen Fuchs benutzt die wissenschaftlichen, lateinischen Begriffe für die ersten Bücher der Bibel: Genesis, Exodus, Leviticus, Numeri, Deuteronomium. Jüdischen Leserinnen und Lesern werden eher die hebräischen Titel vertraut sein: Bereschit, Schemot, Wajikra, Bemidbar, Dewarim. Christliche Leserinnen und Leser kennen sie als 1. bis 5. Buch Mose.

Stephen Fuchs benutzt die Zeitangaben „vor bzw. nach Christus" und nicht — wie auch üblich — „vor bzw. nach der Zeitrechnung".

Gott wird von Stephen Fuchs abwechselnd „The Allmighty" oder deutlich häufiger „The EternalOne" genannt. Ich habe diese beiden Begriffe immer einheitlich mit „der

EwigEine" übersetzt. Damit möchte ich den jüdische Charakter des Buches betonen und mit „der Allmächtige" einen im Christentum häufig gebrauchten, aber auch missbrauchten Begriff vermeiden, der zudem verschleiert, worauf Stephen Fuchs großen Wert legt: Gott begrenzt seine Macht aus Respekt vor der freien Entscheidung der Menschen über ihr Tun.

Stephen Fuchs verweist häufig auf „our sages", unsere Weisen. Damit sind – im Unterschied zu den heute wirkenden Rabbinern – die Rabbinen gemeint, die in Antike und Mittelalter die reiche Auslegungstradition des Judentums geschaffen haben.

Zentral sind für Stephen Fuchs auch die Begriffe „purpose and meaning". Beide Begriffe haben im Englischen eine breitere und tiefere Bedeutung als im Deutschen „Ziel und Sinn" bzw. „Sinn und Ziel". Möglich wäre auch alternativ von „Nutzen und Bedeutung" zu sprechen. Im Deutschen sprechen wir gerne von einem „sinnvollen und erfüllten Leben". Stephen Fuchs betont in diesem Zusammenhang aber die Aufgabe, die wir uns setzen und erfüllen sollen. Die Leserinnen und Leser mögen „purpose and meaning" aus seinen Auslegungen heraus füllen.

Die Begriffe „religiös" und „spirituell" habe ich jeweils direkt aus dem Englischen übernommen, obwohl wir sie im Deutschen oft genau umgekehrt benutzen. Religion und Spiritualität wirken sich in den USA sehr viel direkter, konkreter und öffentlicher auf das ganze Leben aus als in Deutschland. Es ist vielen persönliche Verpflichtung und allgemein gesellschaftlich anerkannt, im Alltag religiösen, spirituellen oder philosophischen Überzeugungen, Prinzipien, Geboten und Einsichten zu folgen. Diese Relevanz beansprucht auch Stephen Fuchs für alles, was er religiös oder spirituell nennt.

Die Bibelzitate habe ich aus der englischen Vorlage heraus übersetzt. Das ist zum einen dem Umstand zu schulden, dass es noch keine moderne jüdische Bibelübersetzung ins Deutsche gibt. Zum anderen gibt Rabbi Fuchs auch dort, wo er Anführungszeichen setzt, den Bibeltext oft paraphrasierend und interpretierend wieder. Ich hoffe, dass meine Vertrautheit mit der Luther-Übersetzung nicht all zu sehr durchschlägt.

Stephen Fuchs setzt die Kenntnis jüdischer Feste voraus. Auch auf Deutsch sind im Internet, Buchhandel oder in Bibliotheken Informationen über die jüdischen Feste leicht und gut erhältlich. Um sie aber unmittelbar verfügbar zu machen, habe ich eine eigene, kurze Beschreibung als Anhang angefügt.

Die Fotografien auf dem Umschlag stammen von der Fotografin Lena Stein, die ihre Fotos dankenswerterweise unentgeltlich zur Verfügung gestellt hat. Eine besondere Erwähnung verdient das Cover-Bild. Es zeigt ein Glasfenster der Synagoge Beth Israel, West-Hartfort, Connecticut, das Abraham und Sarah auf der Reise in das Verheißene Land darstellt. Rabbi Stephen Fuchs erkennt darin ein Symbol für seine Botschaft: Jeder kann sich auf die Reise machen zu dem, was Gott für uns bestimmt hat.

Ich wünsche allen Leserinnen und Lesern eine tiefe Begegnung mit den biblischen Texten und viel Freude bei der Lektüre!

Ursula Sieg
Struvenhütten/Holstein, Juli 2015

Einleitung

Wenn es um das Verstehen der Bibel geht, scheint die heutige Welt geteilt zu sein. Religiöse Fundamentalisten sind der Meinung, dass jedes Wort unbezweifelbare geschichtliche Wahrheit wiedergibt, während Skeptiker biblischen Geschichten nicht viel mehr Bedeutung beimessen als Märchen. Dieses Buch weist beide Verstehensweisen zurück. Vielmehr sehe ich die Erzählungen in den Büchern Genesis und Exodus als wertvolle Lehrstücke. Ihre Wahrheit ist weder wörtlich noch historisch, sondern moralisch und ethisch zu verstehen. Die „Wahrheit" in einer biblischen Erzählung zu finden ist so, wie „Wahrheit" in einem Gedicht zu finden.

Was bedeutet das? Ich will es mit einem Beispiel erklären: An einem wunderschönen, warmen Frühlingsnachmittag spaziere ich mit meiner Liebsten durch einen schönen Garten. Überwältigt von ihrer Schönheit strahle ich sie an und hauche: „Deine Augen sind zwei wunderschöne Seen ...". Das bedeutet weder, dass ich beabsichtige hineinzuspringen und eine Runde zu schwimmen, noch, dass ich lüge. Tatsächlich spreche ich eine Wahrheit aus, die aus der Tiefe meiner Seele aufsteigt. Ich gebe eine akkurate Beschreibung, welche Gefühle die Frau, die ich liebe, in mir auslöst.[1] Wir wenden uns an die Tora, um Einsicht und persönliche Orientierung zu finden, nicht Wissenschaft oder Historie.

Tora ist ein hebräisches Wort, das „Weisung" oder „Ler-

---

1 Nach: Leonard Gardener et al., Genesis: The Teacher's Guide, New York, The United Synagogue Commission on Jewish Education, 1966, S. 18–19.

nen" bedeutet. Wir verwenden es auf zweierlei Weise: In engerem Sinn meint Tora die ersten fünf Bücher der Bibel: Genesis, Exodus, Leviticus, Numeri und Deuteronomium. Im weiteren Sinn repräsentiert das Wort Tora die Gesamtheit des jüdischen Lernens, die ganze angesammelte Weisheit und die Lehren, die das jüdische Volk durch die Jahrhunderte zum Nutzen der ganzen Welt beigetragen hat.

Der jüdische Weg, uns selbst in den Erzählungen der Tora zu finden, führt durch die Midrasch-Literatur. Die hebräische Wurzel des Wortes „Midrasch" (Plural: Midraschim) bedeutet „auslegen" oder „erklären". Die Midraschim sind grundlegend und notwendig für jüdisches Lesen und Verstehen der Schrift. Ein Midrasch versorgt uns mit einer korrigierenden Brille für unsere Kurzsichtigkeit. Da ich die Bibel aber nicht fundamentalistisch verstehe, hadere ich allerdings auch mit den Interpretationen der Weisen. Die Geschichten von Kain und Abel und von Jakob und Esau sind Beispiele für dieses „Hadern eines Liebenden".

Die Prämisse meines Buches ist: Gott will, dass wir unsere Talente dazu nutzen, eine gerechte, fürsorgliche und mitfühlende Gesellschaft zu schaffen. Die Kapitel 2 bis 11 der Genesis zeigen den EwigEinen bei drei Versuchen, der Menschheit zur Bildung einer solchen Gesellschaft zu verhelfen. Alle drei scheitern. Als vierten Versuch wählt Gott Abraham und Sarah und ihre Nachkommen für diese heilige Aufgabe. Wir arbeiten noch daran. Heute erkennen wir in drei großen religiösen Traditionen in Abraham unseren spirituellen Vater. Wir teilen viele Ideale und Ziele. Aber wir haben auch genuine Unterschiede. Als Harmoniesucher des 21. Jahrhunderts dürfen wir unsere Unterschiede nicht nur tolerieren, sondern respektieren und bestärken. Hoffentlich – ob wir nun Judentum, Christentum oder Islam praktizieren oder eine andere Religion – kann uns die alte Hoffnung inspirieren, dass Gott sich nicht nur für unsere Entscheidungen interessiert, sondern sich umstimmen lässt, wenn wir gerecht handeln im Bemühen, unsere bedrängte Welt zu erlösen. Die Reise durch die biblischen Geschichten von der Schöpfung bis zum Berg Sinai und darüber hinaus könnte die wichtigste Reise unseres Lebens sein. In diesen Erzählungen können Menschen jeden Glaubens oder ohne Glaubenssystem Inspiration und Sinn finden.

Schöpfung
Spirituelle, nicht wissenschaftliche Wahrheit

Die Schöpfungsgeschichte ist die am meisten missverstandene Erzählung der gesamten Literatur. Keine Erzählung macht die Spaltung im Verständnis der Bibel deutlicher: Es gibt die, die sie wörtlich verstehen und die, die sie als altertümliche Folklore abtun.

Offensichtlich ist der Schöpfungsbericht kein wissenschaftlicher Text: „... ein großes Licht den Tag zu regieren und ein kleines Licht die Nacht zu regieren ... ein himmlisches Firmament mit Wasser drüber und Schleusentoren, die sich für den Regen öffnen ...?" Ehrlich, das ist keine Wissenschaft! Es ist weder gute, noch schlechte, sondern gar keine Wissenschaft! Es ist höchst aufschlussreiche religiöse Dichtung!

Die biblische Schöpfungsgeschichte teilt uns nicht mit, wie die Welt erschaffen wurde, sondern viel mehr, warum. Es ist kaum zu fassen, wie viel Lebensklugheit diese kurze Erzählung enthält. Anders als die anderen Schöpfungsgeschichten der Antike präsentiert die Genesis einen guten, fürsorglichen Gott, der sich von den Menschen erhofft, dass sie auf der Erde eine gerechte, verantwortungsbewusste und mitfühlende Gesellschaft gründen. Die Schöpfungsgeschichte beschreibt alles als sinnvoll und geordnet. Und wenn das ganze Leben auf der Erde mit Sinn und Ziel erschaffen wurde, dann können wir daraus schließen, dass auch unser Leben Sinn und Ziel hat.

Unterstützt wird diese Bedeutung durch Rhythmus und Melodie der Sprache. Die Schöpfung geschieht durch bloße Absichtserklärungen: Gott spricht: „Es soll sein!" – und es wurde! Dieses Muster setzt sich fort bis die Geschichte zur Erschaffung der Menschheit kommt. Da ändert sich die Sprache dramatisch, als wenn ein Musikstück seine Intonation wechselt. Anstelle des „Es sei!", heißt es plötzlich (Genesis 1,26): „Lass uns Menschen schaffen, nach unserem Bild, uns ähnlich ... und sie sollen Verantwortung übernehmen für die Fische im Meer, die Vögel in der Luft und alles, was auf der Erde kriecht. Und Gott schuf die Menschheit Gottes Bild entsprechend, männlich und weiblich erschuf Gott sie."

Was für eine tiefgreifende Aussage! Nicht unser Aussehen ist dem Gottes ähnlich, denn Gott hat weder Form noch Figur. Vielmehr ähneln wir Gott mehr als alle anderen Geschöpfe in der Fähigkeit, die Welt und die Gemeinschaft der Menschen zu gestalten – zum Guten oder zum Schlechten. Wir sind die einzigen Geschöpfe, die zu einem Berg gehen und eine Mine hineintreiben können, das Eisenerz zu Eisen, das Eisen zu Stahl und den Stahl zu Präzisionsgeräten verarbeiten können, die einzigen, die in der Lage sind eine Gehirnoperationen durchzuführen. Wir sind aber auch die einzigen Geschöpfe, die dasselbe Eisenerz fördern, daraus Eisen und dann Stahl machen können, um Bomben und Geschosse herzustellen, deren einziger Zweck es ist, zu verstümmeln und zu töten und zu vernichten. Die entscheidende Frage, die die biblische Schöpfungsgeschichte uns stellt, ist, wie wir unsere Macht nutzen wollen? Werden wir die Begabungen, die uns gegeben sind, zum Guten oder zum Schaden anwenden? Wir treffen die Entscheidung und tragen auch die Verantwortung.

Nach seinen Schöpfungsakten sagt Gott: „Es ist sehr gut!" Aber nach der Erschaffung der Menschen finden sich diese Worte nicht. Die Rabbinen schlossen daraus, dass es unsere Aufgabe ist, uns beständig um das „Gutsein" zu bemühen. Ein berühmter Midrasch lehrt: Als Gott fertig war mit der Erschaffung der Welt, sprach der Ewig-Eine die Menschen an und sagte (Kohelet Rabbah 7): „Ihr habt die Macht über und Verantwortung für die Erde. Aber ihr bekommt nur diese eine Erde! Also achtet auf sie und verbessert sie. Verderbt und zerstört sie nicht." Wie aktuell diese Aussage doch ist!

Ende der neunzehnhundertachtziger Jahre, als der damalige Senator von Tennessee Albert Gore Junior begann für Umweltbewusstsein zu werben, was ihm im Jahr 2007 den Friedensnobelpreis einbrachte, fand die erste Versammlung seiner Kampagne in Nashville statt. Dort war ich Rabbiner, und Al Gore bat mich, eine Schlussansprache zu halten.

Ich erzählte eine ehrwürdige chassidische Geschichte[1] über eine vor langer Zeit lebende riesige Ziege. Die Hörner dieser Ziege waren sehr lang und schön. Wenn sie den Kopf hob, berührten sie die Sterne. Dabei erklang die schönste Melodie, die je jemand gehört hatte. Eines Tages wanderte ein Mann durch den Wald und grübelte darüber nach, was er seiner Frau zum Geburtstag schenken könnte. Er sah die Ziege und ihn durchzuckte eine brillante Idee: „Ich könnte meiner Frau von einem Stückchen vom Horn der Ziege ein herrliches Schmuckkästchen machen." Der Mann näherte sich der Ziege, die sehr zahm und freundlich war. Er erklärte ihr: „Ich möchte von einem ganz kleinen Stück von einem deiner Hörner ein Schmuckkästchen machen. Es tut bestimmt nicht weh, wenn ich etwas

---

1 Anmerkung der Herausgeberin: Der Chassidismus ist eine im 18. Jahrhundert in Polen entstandene Strömung des Judentums. Die in ihr entstandenen originellen Weisheitserzählungen wurden von Martin Buber gesammelt und berühmt gemacht. Martin Buber: Die Erzählungen der Chassidim (Manesse Bibliothek der Weltliteratur), Zürich 1949.

abschneide, und ich nehme nur ein ganz kleines Stück. Du wirst es gar nicht merken!" Die Ziege neigte ihr Haupt, um dem Mann seinen Wunsch zu erfüllen. Der Mann fertigte daraus ein wirklich schönes Schmuckkästchen. Seine Frau bewunderte es, und stolz zeigte sie es all ihren Freundinnen, die sehr bald auch genau so eines haben wollten. Es ist leicht zu erraten, was dabei heraus kam: Die Ziege konnte sich vor Bitten, von einem der Hörner „nur ein kleines Stück" abschneiden zu dürfen, nicht retten. Natürlich waren die Hörner bald sehr viel kürzer. Die Ziege konnte die Sterne nicht mehr berühren, und so war die schönste aller Melodien für immer verstummt.

Diese wundersame Fabel veranschaulicht eine der lebenswichtigen Lehren der Schöpfungsgeschichte. Nicht das Krokodil, nicht der Elefant noch der Löwe sind, obwohl viel stärker, schneller und entschlossener als wir Menschen, verantwortlich für diese Welt. Wir müssen, um unseren Kindern und Enkeln eine schöne und gesunde Umwelt weiterzugeben, sehr viel mehr und besser für unsere Welt sorgen, als wir es bisher tun.

Die Schöpfungsgeschichte macht uns auch mit einer der wichtigsten jüdischen Lehren bekannt: Mit dem Ruhetag, dem Schabbat. Sie entfaltet die wunderbare Idee, dass es zwei verschiedene Arten von Zeit gibt: Die alltägliche Zeit und die heilige, besondere Zeit. Das Konzept der heiligen Zeit, das die Tora immer und immer wieder betont, ist für biblisches Denken so zentral, dass es in die Schöpfung selbst hinein gewoben ist.

Wir brauchen die alltägliche Zeit, um zu lernen, zu arbeiten, zu produzieren und um unsere Ziele zu erreichen. Und uns ist die heilige Zeit gegeben, um darüber nachzudenken, warum wir tun, was wir tun, und was unsere

Lebensaufgabe sein könnte. Wir sind keine Roboter – sollten es jedenfalls nicht sein –, die in gedankenloser Funktionalität von einem Tag in den anderen leben. Wir brauchen eine besondere, extra abgesonderte Zeit – den Schabbat – um zu bedenken, wer wir sind und was wir mit unseren Fähigkeiten tun können, und um zu versuchen, dem göttlichen Bild, nach dem wir geschaffen sind, zu entsprechen, anstatt es zu zerstören.

Wenn Gott die Kraft des Guten ist, der wir nachzueifern versuchen, und Gott am siebten Tag ausruht, dann sollten wir auch ausruhen. Diese Ruhe ist nicht nur eine Zeit der Entspannung und Erholung. Beim Schabbat geht es um spirituelles Ausruhen, eine „Erfrischung der Seele" (Exodus 31,17). Es ist die Zeit, in der wir darüber nachdenken können, wie wir unsere von Gott gegebenen Talente nutzen können, um eine bessere Welt zu schaffen.

Hoffentlich können wir jetzt verstehen, dass die Schöpfungsgeschichte weder wissenschaftlicher Bericht noch Märchen ist. Als Ouvertüre stimmt diese Geschichte darauf ein, was die ganze Bibel lehrt: Unser Leben hat eine Aufgabe, es hat Bedeutung und Sinn. Wir – und nicht das Nilpferd oder der Tiger – sind verantwortlich für diese Erde. Und dies ist eine herausragende Verantwortung! Um uns dessen bewusst zu werden, benötigen wir einmal in der Woche einen Tag, der ganz anders ist. Wir brauchen einen Tag, um uns zurück zu ziehen, tief durchzuatmen, auszuruhen und uns zu fragen: „Wie gebrauche ich die Begabungen, mit denen Gott mich gesegnet hat? Wie kann ich es besser machen?"

Eden
Würdest du da leben wollen?

Die erste von Gott geschaffene Gesellschaft war die im Garten Eden. In Eden gab es weder Geburt noch Tod. Es gab weder harte Arbeit, noch eine Ahnung von sexueller Ausdruckskraft und Fortpflanzung. Diese Aspekte des Lebens entdeckte das erste Paar erst, nachdem es vom Baum der Erkenntnis gegessen hatte.

Die Erzählung vom Garten Eden ist eine der berühmtesten in der ganzen Literatur. Wir können sie auf (mindestens) drei verschiedene Weisen verstehen: Aus der Sicht des klassischen Christentums, des klassischen Judentums, oder aus einem moderneren Blickwinkel, wie ich es vorschlage und empfehle.

Für das klassische Christentum repräsentiert der Garten Eden den Sündenfall: Es fehlte an nichts! Gott erfüllte mit dem Garten alle unsere Bedürfnisse und erwartete nur, von einem einzigen Baum nicht zu essen. Wir waren aber ungehorsam und stürzten die Menschheit in den Zustand des Sünderseins. Gott sandte seinen Sohn Jesus, um uns aus dem sündigen Zustand, in den wir alle hineingeboren werden, zu befreien und uns ewige Erlösung zu versprechen, wenn – und nur wenn – wir an Jesus glauben.

Juden glauben das natürlich nicht. Das traditionelle Judentum betrachtet das Essen der Frucht vom Baum der Erkenntnis als einen Fehler, der Konsequenzen hat. Ausdrücklich genannt werden: Wir müssen für den Lebensunterhalt hart arbeiten, und die Geburt eines Kindes ist schmerzhaft. Aber unsere Beziehung zu Gott hat sich nicht grundlegend geändert. Jesus hat keine Bedeutung für unsere Erlösung.

Es gibt eine dritte, wie ich finde, sehr aufschlussreiche

Sichtweise dieser Erzählung. Eden war ein schöner Ort, um ihn zu besuchen, aber nicht um dort zu leben. Und zwar genau deshalb: Eden war ein Ort ohne Geburt, ohne Tod und ohne Sexualität. Eva ist nicht die Übeltäterin, sondern die Heldin der Geschichte. Sie hat kein Interesse an einem endlosen Leben in Bequemlichkeit ohne Herausforderungen und Ziele. Obwohl sie nicht wusste, wie das Leben außerhalb des Gartens sein würde, war sie entschlossen, das Risiko einer unsicheren Zukunft in Kauf zu nehmen. Sie nahm es in Kauf für die Möglichkeit eines Lebens voller Schaffenskraft, befriedigender Beziehungen und der Fähigkeit neues Leben in die Welt zu bringen. Sie brannte darauf ein Leben wie in Eden hinter sich zu lassen, auch wenn es bedeutete, nur noch eine begrenzte Zeit zu leben. Ich bin mit ihrer Entscheidung einverstanden!

Nach einem arbeitsreichen Jahr gibt es für uns heute wenig Verlockenderes als die Aussicht auf eine Art Eden: Am Strand liegen, klares Wasser schwappt über die Füße, frische Früchte hängen über dem Kopf – reif zum Pflücken und Essen. Und sicher liegen nirgends Zigarettenstummel herum! Ja, das ist das Paradies, und wie gerne wäre ich da – etwa eine Woche lang. Nach einem übermäßig anstrengenden Jahr würde ich vielleicht zehn Tage buchen. Danach würde ich mir eine Herausforderung suchen, die meinem Leben Sinn gibt. Ich stelle mir vor, dass es Eva genauso ging, als sie beschloss die Frucht zu essen. Wir sollten in Eva die wahre Heldin sehen, deren mutige Tat Gott veranlasste eine neue Gesellschaft zu schaffen, in der ein sinnvolles Leben nicht nur möglich ist, sondern wir dazu ermutigt werden.

Um unseren Tod zu wissen, ist weder eine Strafe noch ein Fluch. Es ist ein Aufruf an uns, jedem Tag so viel Bedeutung wie möglich zu verleihen. Keiner weiß, wann sein

26

Leben endet. Darum sollten wir keine Möglichkeit unge-
nutzt lassen, unsere Begabungen in positiver und produk-
tiver Weise zu nutzen. So gesehen ist die Erzählung von
Eden nicht die des Sündenfalls der Menschheit, sondern
die der Entwicklung der Menschlichkeit.

Wie auch immer die Erzählung gedeutet wird, als Gesellschaftsform hatte Eden keinen Erfolg. Deshalb etablierte
Gott eine zweite Gesellschaftsform mit neuen Grundregeln. In dieser neuen Gesellschaft haben Menschen Sex,
arbeiten hart und sterben.

Kain und Abel
Die Symbolerzählung der menschlichen Seele

Gottes zweiter Versuch, die Menschheit zu ermutigen, eine gerechte, fürsorgliche und mitfühlende Gesellschaft zu errichten, beginnt mit der berühmten Geschichte von Kain und Abel. Keine Erzählung der gesamten Literatur lehrt uns mehr darüber, wie Gott ist und wie Gott nicht ist, als die von Kain und Abel.

Zwei Brüder bringen Gott Opfer. Gott akzeptiert Abels Opfer und weist das Kains zurück. Warum? Die jüdische Tradition fühlte sich unwohl mit der Vorstellung, der EwigEine könnte willkürlich handeln. Darum besteht in den Midraschim Einigkeit darüber, dass Kain ein ganz gewöhnliches Opfer brachte, vielleicht sogar ein beleidigend schlechtes. Abel dagegen brachte das bestmögliche Opfer.

Wenn wir den Text so lesen, ist klar, warum Gott Abels Opfer akzeptiert und Kains zurückweist. Aber ich glaube nicht, dass diese Auslegung dem Text entspricht. Der entscheidende Vers lautet in meiner Übersetzung (Genesis 4,3): „Nach einiger Zeit brachte Kain ein Opfer zum HERRN von den Früchten der Erde, und Abel brachte auch das Erlesenste der erstgeborenen Tiere seiner Herde." Mit anderen Worten: Beide brachten das Bestmögliche. Zudem kam die Initiative zu opfern von Kain, nicht von Abel.

Wenn wir den Text auf diese Weise verstehen, müssen wir uns allerdings mit einer schwierigen Frage herumschlagen: Warum hat Gott Kains Opfer zurückgewiesen? Das scheint nicht fair! Aber Gott ist doch die Fairness selbst! Die Antwort ist schlicht: Gott ist ein Geheimnis, und das Leben ist nicht immer fair. Gott ist nicht uns verantwortlich, sondern wir Gott. Wenn wir dies aus den Augen verlieren, laufen wir Gefahr, zu verzweifeln. Zudem beschreibt die

Tora die Dinge nicht immer so, wie sie sein sollen. Manchmal streicht sie vielmehr heraus, wie sie sind. So auch hier: Wir bringen jeden Tag Opfer und bieten das Beste an, das wir haben. Aber von maßgeblichen Personen wird es abgelehnt, wie Gott Kains Opfer ablehnte.

Hast du jemals tagelang für einen Test in der Schule gelernt und eine „Drei plus" bekommen, während ein Klassenkamerad das Buch kurz vorher nur durchgeblättert hat und eine „Eins" bekommt? Wie hast du dich da gefühlt?

Hast du jemals trainiert und trainiert und trainiert, um in ein Team zu kommen, und du landest dann auf der Ersatzbank, während eine, die bei weitem nicht so lang und hart trainiert hat wie du, in der Start-Mannschaft spielt und womöglich ein Star wird?

Hast du dich jemals für eine Ausbildung beworben und deine Unterlagen zurückbekommen mit der knappen Auskunft: „Wir bedanken uns für Ihr Interesse, aber aufgrund der hohen Zahl qualifizierter Bewerbungen konnten wir Sie nicht berücksichtigen?"

Hast du dich jemals um einen Job bemüht oder um eine Beförderung, aber es bekam sie jemand, der nach deiner tiefsten Überzeugung weniger qualifiziert war als du?

Hast du jemals einem Menschen deine Liebe bekundet, der sie nicht erwidert hat?

Ja, wir alle haben schon in Kains Haut gesteckt! Auch wir ärgern uns und werden neidisch auf unseren Klassenkameraden, den Star der Mannschaft, die Leute, die unseren Traumberuf erlernen dürfen, auf den weniger qualifizierten, aber bevorzugten Kollegen und den Typen, der mit der großen Liebe abzieht. Ohne Zweifel, wir alle haben schon in Kains Haut gesteckt – und tun es oft!

Wir lernen so viel aus dieser Geschichte: Gott nimmt

sich trotz – wie wir annehmen – gefüllten göttlichen Terminkalenders Zeit, unter vier Augen mit Kain zu sprechen. Mit den Worten: „Wenn du recht handelst, findest du ganz sicher auch Anerkennung" (Genesis 4,7), ermutigt der EwigEine ihn. Und dann sagte Gott zu Kain und sagt es jetzt zu uns: „Ich weiß wie du dich fühlst. Auch, was du jetzt denkst, weiß ich. Tu es nicht! Beherrsch dich! Gib nicht auf!" Unser Bestes zu geben und es immer wieder zu versuchen, ist das absolute Maß unseres Erfolges. Es ist letztlich wichtiger, unser Bestes zu geben, als eine gute Note, die gute Beurteilung der Vorgesetzten, die Bewilligung oder Ablehnung eines Antrags, wichtiger als ein neuer Job oder die Beförderung. Wenn wir in jeder sich bietenden Situation uns höchstmöglich anstrengen, dann lernen wir aus und wachsen wir an unseren Misserfolgen. Und das ist wirklich ein Erfolg! Das ist eine der wichtigsten Lektionen im Leben und wohl auch die Schwierigste.

Und dennoch, selbst nach diesem persönlichen Gespräch, selbst nachdem Gott ihm, Kain, klar macht, was passieren würde, wenn er Ärger und Eifersucht nicht zügelt: Kain tötet seinen Bruder! Das lehrt uns das Konzept des freien Willens. Das Leben wäre sinnlos, wenn wir nur Puppen wären mit Gott als Puppenspieler.

Kurz gesagt, lehrt uns die Geschichte von Kain und Abel besser als jede andere jemals verfasste Geschichte, was Gott ist und was Gott nicht ist. Gott ist die Stimme unseres Gewissens, die uns drängt, gut und gerecht zu handeln, hilfreich und positiv. Aber – und das ist ein gewaltiges ABER – Gott zwingt uns zu gar nichts. So wie Gott Kain nicht hinderte, als er beschloss, Gottes Stimme zu ignorieren und Abel zu töten.

Welch fundamentale Einsicht! Die wahrscheinlich am

häufigsten an mich gestellte Frage lautet: „Warum hat Gott den Holocaust nicht verhindert?" Meine Antwort darauf ist stets: „Lies die Geschichte von Kain und Abel!" Das vierte Kapitel des ersten Buches der Tora unterweist uns, von Gott nicht zu erwarten, dass er den Holocaust hätte stoppen sollen oder dass er irgendeine andere böse Tat verhindern soll. Gott ermahnt Kain und uns, nicht übereilt und dumm zu handeln. Aber Gott hindert uns nicht, wenn wir es doch tun. Oft wünschte ich mir, Gott würde intervenieren, doch dann würde unser Leben und die Entscheidungen, die wir treffen, an Bedeutung verlieren.

Als Kain Abel getötet hatte, fragt ihn Gott: „Wo ist Abel, dein Bruder?" Im Tonfall eines bockigen Kindes antwortet Kain: „Ich weiß nicht. Bin ich meines Bruders Hüter?" (Genesis 4,9) Gottes Antwort schallt durch die Jahrtausende: „Natürlich bist du das!" Das ist der entscheidende Punkt! Wenn Gottes Schöpfung das Ziel hat, dass die Menschen eine gerechte, fürsorgliche und mitfühlende Gesellschaft schaffen, gibt es dorthin nur einen Weg: Wir übernehmen Verantwortung für unseren Bruder und unsere Schwester.

Die Geschichte von Kain und Abel ist wirklich grundlegend. In sechzehn kurzen Sätzen lehrt uns die Tora eine der wichtigsten Einsichten in unser Leben. Der Literatur-Nobel-Preis-Träger John Steinbeck betrachtete sein Buch „Jenseits von Eden", das eine 800-seitige Entfaltung der Kain-und-Abel-Thematik ist, als sein größtes Werk. Steinbeck nannte Kain und Abel „die Symbolgeschichte der menschlichen Seele, denn es ist jedes Menschen Geschichte". Wir alle erleben Zurückweisungen. Die herausforderndste und wichtigste Frage an uns ist, wie wir damit umgehen.

Noah
Die gezielte Wahl eines zielstrebigen Gottes

„All zu bekannt und schnell abgehakt", ist eine treffende Beschreibung des Umgangs Vieler mit der Geschichte von Noah und der Flut. Für Wissenschaftler ist sie lediglich eine von vielen Flut-Mythen des Alten Orient.

Wie auch immer, sie liegen falsch. Ja natürlich, es gibt andere Fluterzählungen in der Literatur des Alten Orients. Und die Noah-Erzählung ist wohl die jüngste unter ihnen. Aber die Unterschiede zwischen Noah und den anderen Flutschichten sind weit bedeutender als die Gemeinsamkeiten.

Ausschließlich in der biblischen Geschichte wird die Flut von einem guten, fürsorglichen Gott verursacht. Denn Gott kann nicht mehr ertragen, dass die Menschen unfähig oder unwillig sind, zu tun, was Gott am allermeisten von uns will: Auf Erden eine gerechte, fürsorgliche und mitfühlende Gesellschaft zu schaffen. Nur in der biblischen Flutgeschichte wählt Gott den Helden ausdrücklich, weil „er ein rechtschaffener Mann war in seiner Zeit", der „mit Gott lebte" (Genesis 6,9).

Im Talmud wird eine interessante Diskussion zwischen zwei Weisen dokumentiert (B. Sanhedrin 108 a): Rabbi Yohanan behauptet, Gott bezeichne Noah nur als rechtschaffen, weil jeder andere damals unmoralisch war. Resh Lakish meint jedoch, Noahs Rechtschaffenheit sei um so mehr zu loben, gerade weil alle anderen skrupellos waren.

In Universitäts-Seminaren schlug ich den Studierenden vor, sich eine Alltagssituation vorzustellen, in der sie sich mit Rabbi Yohanans und Resh Lakishs Argumenten identifizieren konnten. Sie sollen über die Zulassung zum Universitätsstudium entscheiden: Am letzten Tag vor Anmeldeschluss, als nur noch ein Platz übrig ist, melden sich zwei Studentinnen. Alice ist eine sehr gute Schülerin von einem sehr guten Gymnasium. Sie hat ein sehr gutes Abiturzeugnis und zusätzlich Begabtenkurse und ehrenamtliches Engagement aufzuweisen. Ruths Abitur ist nicht ganz so gut wie das von Alice. Sie hat sich nicht ehrenamtlich engagiert, weil sie nach der Schule gearbeitet hat, um ihre Familie finanziell zu unterstützen. Aber sie hat die Rede auf der Abiturfeier gehalten. Welche von beiden hat den letzten Studienplatz mehr verdient? Rabbi Yohanan würde Alice auswählen, Resh Lakish würde Ruth wählen.

Die Flut beendet Gottes zweiten Versuch, der Menschheit zu helfen, eine funktionierende Gesellschaft aufzubauen. Beide, der idyllische Garten Eden und die Post-Eden-Welt sind gescheitert. Aber noch gibt Gott nicht auf. Nach der Flut versucht es Gott erneut, diesmal mit drei neuen Grundregeln.

Erst jetzt, in der Post-Flut-Gesellschaft erlaubt Gott den Verzehr von Fleisch (Genesis 9,3). Für mich persönlich habe ich jedoch entschieden, nahezu vegan zu leben, weil mein Studium der ersten Kapitel der Bibel mich zu der Überzeugung geleitet haben, dass dieser Lebensstil der von Gott gewollte ist. Die Erlaubnis, Fleisch zu essen, scheint ein widerwilliges Zugeständnis an die Natur des Menschen zu sein. Ich glaube, dass die Welt in vieler Hinsicht ein besserer Ort wäre, wenn wir nicht Tiere für den Konsum durch Menschen aufziehen und schlachten würden. Zum einen ist es eine Frage des Mitgefühls mit anderen Geschöpfen, zum anderen wären wir mit einer pflanzlichen Ernährung gesünder und die positive Wirkung auf das Ökosystem wäre enorm, wenn wir alle uns einen veganen Lebensstil aneignen würden. Ich bin fest überzeugt, dass wir unserer Verantwortung als in Gottes Bild Erschaffene sehr viel besser gerecht werden, wenn wir keine Tiere schlachten, um sie zu essen.

Mit der zweiten Veränderung gegenüber der Vor-Flut-Gesellschaft überträgt Gott den Menschen die Verantwortung, selbst ein Rechtssystem zu schaffen (Genesis 9,6). Nun sind wir – nicht Gott – verantwortlich Übeltäter zu bestrafen.

Die dritte neue Grundregel besteht in Gottes Versprechen, nie wieder die Welt zu zerstören, was auch immer Menschen tun mögen. Die Botschaft ist klar: Wir mögen die Welt zerstören – und es gibt Einige, die meinen, durch unser gleichgültiges oder zerstörerisches Verhalten seien wir auf dem besten Weg dazu –, aber Gott wird es nicht tun (Genesis 8,21–22). Die erstaunliche Macht, die Gott den Menschen mit der Schöpfung verliehen hat, steigert sich also nach der Flut noch.

Die Auswirkungen der Flut, wie sie die Bibel schildert, bilden den idealen Ausgangspunkt für einen Diskurs, der unsere Verantwortung für die Welt, in der wir leben, erforscht.

Der Turmbau zu Babel
Gott entscheidet sich für Vielfalt

Der Text in Genesis 2,4–11 beschreibt zusammengefasst drei Versuche Gottes, uns zu einem Leben und Handeln nach den Wünschen des EwigEinen zu ermutigen. Der erste Versuch ist der Garten Eden. Eden war eine Welt ohne Geburt und Tod, ein Ort, wo man nicht arbeiten musste, und wo es meiner Meinung nach auch keine Sexualität gab. Das erste Menschenpaar musste den Garten verlassen, nachdem es durch das Essen vom Baum der Erkenntnis seine sexuellen Fähigkeiten entdeckt hatte.

Nach Eden etablierte Gott eine zweite Gesellschaft mit neuen Grundregeln. Wir erlebten Sexualität, pflanzten uns fort, arbeiteten hart und starben. Auch diese zweite Gesellschaft scheiterte. Kain tötete Abel, und alles wurde zunichte. Schließlich flutete Gott die Erde und wählte Noah „ein gerechter Mann in seiner Zeit" (Genesis 6,9), aus, der die Flut überleben und eine neue Welt aufbauen sollte. Unglücklicherweise hatte diese dritte Gesellschaft einen schrecklichen Fehlstart und endete mit dem Turmbau in Babel.

Kaum der Arche entstiegen ist Noah sturzbetrunken und wird von seinem Sohn Ham äußerst respektlos behandelt (Genesis 9,21–25). Die Midraschim berichten noch sehr viel Schlimmeres ...

Mit dem Bau eines Turmes in Babel versucht die Menschheit gegen Gott zu rebellieren (Genesis 11). Im biblischen Text wird nicht klar, warum Gott über die Erbauer des Turms von Babel so böse ist. Aber im Midrasch wird der Turmbau von den Rabbinen als Rebellion gegen Gott verstanden (Bereschit Rabat 38,7). Nach einem anderen Midrasch, den Sprüchen des Rabbi Eliezer (Jerusalem,

Eshkol, S. 78–79 und Midrasch Ha-Gadol 11,3), war diese Generation derart bösartig und ihre Verachtung eines Menschenlebens derart extrem, dass es sich wie folgt äußerte: Wenn ein Ziegel vom Gerüst fiel, wurde die Arbeit unterbrochen, bis der Ziegel geborgen und wieder an seinem Platz war. Wenn aber ein Mensch vom Gerüst viel, wurde das kaum beachtet. Es wurde über die verletzte Person hinweg gemauert und sie wurde in den Turm einfach mit eingebaut.

Ich werde oft gefragt, warum wir nicht nur eine Religion haben. Verschiedene Religionen zu haben sei Anlass vieler Konflikte. Wäre die Welt nicht besser, wenn es nur eine Religion gäbe?

Wenn die fragende Person Christ ist, antworte ich: „Wessen Religion wäre das? Wäre das deine, in der das Leben Jesu, sein Tod am Kreuz, Auferstehung und Auffahrt zum Himmel die leitenden Glaubenssätze sind? Oder wäre es meine Religion, in der Leben und Tod Jesu überhaupt keine Rolle spielen?"

Die Vielfalt der Religionen ist nicht der Grund für Konflikte. Ich bin überzeugt, der Grund liegt in unserer mangelnden Bereitschaft, andere Religionen zu respektieren. Auch wenn ich ein passionierter Reform-Jude bin, glaube ich nicht, dass alle anderen Menschen jüdisch sein sollten. Ich schätze die Geschichte vom Turmbau zu Babel so sehr, weil sie den Wert der Vielfalt bestärkt, den Wert der Sprachen als auch der Glaubensüberzeugungen. Die Vielfalt ist Gottes Schöpfung! Gott zerstreut die Menschen und erschafft unterschiedliche Sprachen, Religionen und Kulturen. Kann diese Verschiedenheit etwas anderes sein, als ein Segen?

Unser Ziel sollte nicht die Vereinigung aller Religionen

sein, sondern vielmehr der Respekt gegenüber allen Religionen und die Wertschätzung tatsächlicher religiöser Unterschiede. Das führt uns zu einer besseren Welt.

Trotz des Segens, den ich in der Vielfalt erkenne, ist die Rebellion von Babel ein klares Zeichen, dass auch die Post-Flut-Gesellschaft gescheitert ist. Nun steckt Gott in einem Dilemma. Kurz gesagt: Gott ist unzufrieden mit dem Verhalten der Menschen. Gott sorgt sich zutiefst um die Welt. Aber Gott hat versprochen die Welt nie wieder zu zerstören. Gottes Ausweg aus diesem Dilemma ist es, mit einer einzelnen Familie einen Bund zu schließen. Das wird die Richtung der Menschheitsgeschichte ändern!

Abraham
Gottes Bündnispartner

Als Ausweg aus dem Dilemma, schließt Gott ein Bündnis mit Abraham, Sarah und ihren Nachkommen. In diesem Bündnis, das die Grundlage allen jüdischen Denkens ist, macht Gott vier Zusagen:
- Abraham zu beschützen und die mit ihm ziehen.
- Abraham Kinder zu schenken.
- Seine Nachkommen zu einem Volk mit Zukunft zu machen.
- Ihnen und ihren Nachkommen das Land Israel zu übereignen.

Aber, und das ist entscheidend, das alles bekommen wir nicht umsonst. Im Gegenzug überträgt Gott Abraham und allen, die sich von diesem Bündnis angesprochen fühlen, drei sehr besondere Aufgaben, die wir erfüllen müssen:
- „Sei ein Segen!" (Genesis 12,2)
- „Gehe auf meinen Wegen und sei meiner würdig." (Genesis 17,1)
- „Halte die Wege des EwigEinen, indem du tust, was gerecht und richtig ist." (Genesis 18,19)

Die Kapitel der Genesis über Abrahams Leben bieten keine komplette Biographie. Eher sind sie eine Sammlung von Höhepunkten, die Abrahams Bemühungen beleuchten, seine Seite des Abkommens mit Gott zu erfüllen. Als solche erreichen sie uns durch die Jahrtausende als Lehrstücke, von denen hier vier näher betrachtet werden sollen.

Als Gott die Zerstörung von Sodom und Gomorrha ankündigt, protestiert Abraham mit aller Kraft (Genesis 18,25): „Sollte nicht der Richter der Welt gerecht handeln?" Abraham fordert von Gott Rechenschaft für eine offensichtliche Lücke in eben der Gerechtigkeit und Rechtschaffenheit, die der EwigEine von Abraham und seinen Nachkommen fordert. Geduldig lässt Gott Abraham verhandeln (Sind dort 50, 45, 40, 30, 20, 10 rechtschaffene Menschen?). Schließlich sieht Abraham ein, dass es in Sodom und Gomorrha keine gerechten Einwohner gibt, außer Abrahams Neffen und seiner Familie.

In der Auslegung des Midrasch ist Abrahams Protest geradezu schockierend (Bereshit Rabbah 39,6): Ohne im Hebräischen einen einzigen Buchstaben zu ändern, kann die Frage „Sollte der Richter der Welt nicht gerecht handeln?" verändert werden zu: „Der Richter der Welt soll nicht nach dem Recht handeln!" Diese Änderung hat grundlegende Bedeutung: Abraham tritt dafür ein, dass der EwigEine nicht so streng sein soll. Gott hatte schon drei Gesellschaftsformen — Eden, der Gesellschaft nach Eden bis zur Flut und der Nach-Flut-Gesellschaft — das Scheitern bescheinigt. Abraham fleht seinen Schöpfer an: „Gott, wenn du jemals eine funktionierende Gesellschaft willst, dann darfst du nicht auf so strikte Befolgung des Rechts bestehen. Du musst mehr Verständnis für die Schwächen der Menschen aufbringen. Du musst deine Gerechtigkeit mit Gnade ausgleichen."

Gottes Geduld mit Abrahams Protest ermöglicht Abraham, selbst zu erkennen, dass Sodom und Gomorrha keine gerechten Menschen beherbergt, um deren willen die Städte hätten gerettet werden können. So macht Abraham die Erfahrung, dass Gott tatsächlich gerecht ist, und er Gottes Weisungen vertrauen kann. Diese Sicherheit des Vertrauens, das Gott sich bei Abraham erworben hat, ist entscheidend für das Verständnis der Geschichte, die wir als nächstes diskutieren.

Im zweiten Beispiel geht es um eine der schwierigsten und tiefgängigsten Geschichten der ganzen Bibel (Genesis 22,3): Die Beinaheopferung Isaaks. Wie, fragen wir uns, kann Gott so etwas verlangen? Wie kann Abraham da mitmachen? Warum redet Abraham, der Gott gegenüber heftig zugunsten der Fremden in Sodom und Gomorrha protestiert hat, nicht dagegen an, als Gott ihm befiehlt: „Nimm deinen Sohn ... den du liebst, Isaak, und bringe ihn als Opfer dar auf einem Berg, den ich dir zeigen werde."

Meine Antwort ist, dass Abraham nach seinen Verhandlungen mit Gott über Sodom und Gomorrha wusste, dass Gott gerecht ist und er dem EwigEinen trauen konnte, selbst dann, wenn Gott ihm etwas offensichtlich Undenkbares zu tun aufträgt: Seinen eigenen Sohn zu opfern. Einige Interpreten machen geltend, dass Abraham bei dieser Prüfung Gottes durchgefallen ist, indem er Isaak zum Berg Moriah brachte. Andere meinen, dass er zwar ein großer religiöser Führer war, aber als Vater gegenüber Isaak und Ehemann gegenüber Sarah ein Versager war. Wie sonst, fragen sie, kann ein guter Mann willens sein, seinen eigenen Sohn zu opfern? Ich behaupte, bei allem Respekt, sie verstehen nicht, worum es geht.

Menschenopfer waren die schlimmste Plage der heidnischen Welt. Dagegen wendet sich die neue Bundes-Religion. Die neue Religion, die sich zum Judentum entwickelte, lehnt Menschenopfer entschieden ab. Diese furchtbare Praxis wird, so verstehe ich es, von der Geschichte der Bindung Isaaks angeprangert. Indem er Abraham zum Berg Moria beordert, um seinen Sohn zu schlachten, schickt Gott uns eine Botschaft, mit der die Menschheit immer noch kämpft: Keine zivilisierte Religion darf akzeptieren, dass in ihrem Namen Menschen geopfert werden.

Von der alten Welt, aus der der Bund stammt, bis hin zu

den Spartanern des alten Griechenland, den Inkas, Azteken und Maya und den Zivilisationen Polynesiens haben heidnische Religionen Menschenopfer praktiziert. Und tatsächlich wird ein sorgfältiger Bibelleser feststellen, dass die offensichtliche Macht dieses fruchtbaren menschlichen Verhaltens auch in das alte Israel tief hineinwirkte. Nicht weniger als fünfzehn Mal protestiert die Hebräische Bibel gegen Menschenopfer oder wirft beschämendes Licht auf sie. Würden Eltern einem Kind etwas fünfzehn Mal sagen, wenn sie nicht die Sorge hätten, dass das Kind gerade das am allerliebsten tun würde? Sicher nicht!

Keine Erzählung der Bibel illustriert besser, wie schwierig es war, unsere Ahnen zu überzeugen, dass Menschenopfer eine Abscheulichkeit sind, als die Geschichte von Mescha, dem König von Moab (ca. 850 v. Chr.). Mescha war Israels König Ahab tributpflichtig. Aber nach Ahabs Tod rebellierte er dagegen. In der daraus folgenden Schlacht vertrieben die Israeliten die moabitischen Streitkräfte bis (wörtliches Zitat des israelitischen, biblischen Autors) „der König der Moabiter, erkennend, dass seinem Heer eine Niederlage droht, seinen erstgeborenen Sohn nahm und ihn auf der Stadtmauer als Brandopfer opferte. Ein großer Zorn kam über Israel, so dass sie sich von ihm zurückzogen und in ihr Land zurückkehrten" (2. Könige, 25–26).

Der springende Punkt dieser erstaunlichen Geschichte ist, dass der biblische Autor tatsächlich glaubt, dass Meschas Vollzug des Menschenopfers den Kriegsverlauf zu seinen Gunsten gewendet hat.

Wenn wir die Revolution menschlichen Denkens betrachten, für die der Gott der Hebräischen Bibel steht, stelle ich fest: Die absolute Zurückweisung des Menschenopfers kennzeichnet diese Revolution noch mehr als das Insistieren auf nur einen einzigen Gott im Gegensatz zu vielen Göttern und die Zurückweisung der Anbetung von Götzenbildern!

Kritiker des Verhaltens Abrahams in der Erzählung von der Bindung Isaaks, führen an, dass Gott nach diesem Ereignis Abraham nie wieder direkt anspricht. Ja, und? Das ändert nichts daran, dass Abraham bis zu seinem Lebensende der aktive Bundes-Partner Gottes bleibt. Seine Taten bündnisgemäßer Verantwortung am Ende seines Lebens waren nicht weniger bedeutend als die seiner früheren Bündnis-Karriere.

Warum verlangte Gott so etwas von Abraham? Und warum war Abraham bereit es zu tun? Gott und Abraham hatte eine einzigartige Beziehung, die der Welt eine brandneue Art zeigt, Gott zu erleben. Anders als die heidnischen Götter, ist der Gott der Tora nicht nur eine Macht, die besänftigt werden will. Vielmehr ist Gott die Quelle moralischer und ethischer Werte, die das Denken der zivilisierten Welt auf ein höheres Niveau bringen. Eine der schrecklichsten Eigenschaften der paganen Welt waren Menschenopfer. Demgegenüber ist es angemessen, dass Gott und Gottes einzigartiger Bündnispartner, Abraham, der Welt eine dramatische Demonstration präsentieren, dass es Menschenopfer niemals geben darf. Darum wagte Gott, von Abraham das Undenkbare zu fordern. Darum willigte Abraham, der so kraftvoll zugunsten der Fremden in Sodom und Gomorrha protestiert hatte, in Gottes Forderung ein.

Angenommen – nur für einen Moment – ein Vater oder eine Mutter würde mich anrufen und sagen: „Rabbi, Petunia wird nicht mehr zur Religionsklasse kommen, weil Gott mir heute morgen gesagt hat, sie auf einen Berg zu bringen und zu opfern." Natürlich würde ich alles nur Erdenkliche versuchen, den Elternteil zu überzeugen, dass die Stimme, die sie oder er gehört hat, nicht die Gottes war. Ja, ich würde alles tun, einschließlich die Polizei zu benachrichtigen, sie oder ihn an dieser Tat zu hindern.

Natürlich ist das Szenario, das ich grade beschrieben habe, absurd. Und doch haben wir zu lernen, unsere Kinder nicht zu opfern. Es passiert jedes Mal, wenn wir unsere Kinder in Kriege um Konflikte schicken, die besser durch Verhandlungen beizulegen wären. Es passiert jedes mal, wenn wir unsere Kinder zu Leistungen oder Berufen drängen, die nur unsere eigenen Bedürfnisse befriedigen. Es passiert jedes Mal, wenn wir unsere Kinder mit Erfolgsdruck überwältigen und sie nie spüren lassen, dass sie gut genug sind.

Die große britische Unterhaltungskünstlerin Lena Zaveroni (1963–1999) ist ein passendes Beispiel. Die auf der kleinen schottischen Insel Bute geborene Lena Zaveroni war ein herausragendes musikalisches Talent mit einer großartigen Stimme und grenzenlosem Charisma und Charme. Als kleines Kind wurde sie von ihrer Tante nach London gebracht, um ihr Glück zu machen und berühmt zu werden. Beides bekam sie Schaufelweise. Als sie zehn Jahre alt war, war sie in der Johnny Carson Show gewesen, hatte Japan bereist, und für Queen Elisabeth und Präsident Gerald Ford gesungen. Bis zum Ende ihrer Teenagerjahre war sie in drei erfolgreichen Varietee Shows aufgetreten. Sie war die Unterhaltungskünstlerin mit dem höchsten Einkommen im ganzen Vereinigten Königreich. Schau dir das YouTube-Video an. Sie war großartig!

Sie war noch ein junges Mädchen, als Leute anfingen, sie pummelig zu nennen. Um eine lange, traurige Geschichte kurz zu machen: Lena Zavaroni — einst der reichste Teenager der Welt, von Millionen verehrt — starb

43

gebrochen und ohne einen Pfennig Geld aufgrund von Komplikationen durch Magersucht im Alter von fünfunddreißig Jahren.

Die schöne, kostbare Lena Zaveraroni war ebenso ein Menschenopfer wie Jeptas Tochter. (Richter 11,30–40; Die Rabbiner des Midrasch verdammen Jepta als Idioten.) Jedes Mal wenn ich Lena Zavaroni singen sehe, möchte ich in den Computer greifen, sie in den Arm nehmen und ihr versprechen: „Ich werde niemanden erlauben, dich zu verletzen!" Aber das Versprechen kann ich niemals machen, geschweige denn halten. So ist Lena Zaveroni, die mit jedem Jahr ihres jungen Lebens dünner und dünner wurde, nur ein Beispiel von Millionen schrecklicher Menschenopfer, die wir die Jahrhunderte hindurch darbrachten und die wir auch heute opfern.

Heutige Rabbiner und viele andere beklagen die Tatsache, dass Gott Abraham aufforderte seinen Sohn zu opfern. Sie verstehen es einfach nicht. Sie verstehen einfach nicht, dass Gott und Abraham versuchten, der Welt eine lebenswichtige Lektion beizubringen, eine, die wir immer noch nicht gelernt haben.

Nach der Tradition der Midraschim erduldete Abraham zehn sehr schwierige Proben. Die Weisen bemerken, dass er nur einmal geweint hat – als seine geliebte Sarah starb. Im Kommentar zu ihrem Alter von einhundertsiebenundzwanzig Jahren lesen wir, dass sie mit der Weisheit von jemanden starb, der hundert Jahre gelebt hat, mit der Schönheit einer Frau von zwanzig Jahren und der jugendlichen Lebensfreude einer Siebenjährigen (Bereshit Rabba 58,1). Als Sarah gestorben war (Genesis 23), ergriff Abraham die Gelegenheit, einen unangefochtenen Besitzanspruch im Verheißenen Land zu erwerben. Dafür zahlte er einen exorbitant hohen Preis für ihr Grab. Gott hat Abraham und seinen Nachkommen das Land versprochen, aber niemals ist Abraham ein passiver Bündnispartner. Er ergreift die Initiative, um sicher zu stellen, dass Gottes Versprechen wahr wird.

Auf den ersten Blick ist die Szene lächerlich. Wer hat jemals gehört, dass es nötig wäre, alle Ältesten der Gemeinde und den Bürgermeister einer Stadt zusammenzuholen, um den Kauf einer Grabstätte zu bezeugen. Doch genau das tut Abraham. Er will, dass der Kauf in aller Öffentlichkeit geschieht, so dass kein Zweifel an seiner Rechtmäßigkeit aufkommen kann.

Und lass dich nicht hereinlegen durch das Angebot Ephrons, „Abraham das Land zu geben"! Das ist Teil der Standardprozedur beim Verhandeln in der antiken Welt. Als er den Preis nannte (vierhundert Silberschekel) erwartete Ephron sicherlich, dass Abraham feilschen und verhandeln würde. So wurde das damals gemacht (und so wird es weitgehend immer noch gemacht, was jeder bezeugen kann, der schon mal in der Altstadt von Jerusalem eingekauft hat). Aber Abraham tat nichts dergleichen. Zu Ephrons Schrecken feilschte Abraham überhaupt nicht. Vor aller Augen wog er vierhundert Schekel Silber ab und überreichte sie Ephron.

Warum die ausführliche Prozedur? Warum ist Abraham bereit einen Preis zu zahlen, den Experten der Geschichte jener Zeit als unvorstellbar überhöhte Summe für eine Grabstelle bestätigen? Es gibt eine einfache Antwort: Es gab Gesetze in der Antike, die den Abschluss eines Vertrages regelten. Aber da Abraham kein Bürger war, kein Einheimischer, kam ihm der Schutz des Gesetzes nicht zugute. (Das gleiche Phänomen sehen wir auch in der Geschichte von Jakob, als Laban den Vertrag zur Ehe mit

Rachel bricht und dann die klar festgeschriebenen Gesetze Harans, die Jakobs Arbeit als Hirte regeln, verletzt.) Die vielleicht größte Rechtsinnovation durch die Gesetze der Tora – abgesehen natürlich von ihrem Beharren darauf, dass Gott eine Macht ist, die von der Menschheit Gerechtigkeit und Rechtschaffenheit fordert – ist, dass erstmals in der antiken Welt das Gesetz Personen ohne Bürgerrechte schützte. Mehr als bei jeder anderen Regel, sechsunddreißig Mal, betont die Tora, dass der Fremde den gleichen Rechtsschutz genießen soll wie Bürger des alten Israel, „weil wir Fremde waren im Land Ägypten und wir die Gefühle der Fremden kennen" (Exodus 23,9).

Im letzten Kapitel der Karriere Abrahams geht es darum eine Frau für Isaak zu finden (Genesis 24). Es steht viel auf dem Spiel. Es geht um den zukünftigen Bestand des Bundes mit Gott. Abraham ruft seinen bewährtesten Knecht, der vollkommen versteht, wie bedeutend diese Aufgabe ist. Abraham nennt zwei Bedingungen:
- Bring keine kanaanäische Frau, denn die kanaanäischen Werte sind weit entfernt von den Idealen des Bundes, nämlich Gerechtigkeit, Fürsorge und Mitgefühl.
- Geh zurück in das Land Haran, von wo ich ausgewandert bin, finde dort das richtige Mädchen und bring sie her.

Ohne Frage will Abraham, dass sein Knecht jemanden mit Bündnispotential ausfindig macht, eine Frau, die die Werte Fürsorge und Mitgefühl unter Beweis stellt, in denen „Der Bund" gründet.

Der Knecht, den die Midraschim einstimmig mit dem Elieser aus dem 17. Kapitel der Genesis identifizieren, stellt Abraham logischerweise die Frage: „Was, wenn die passende Frau mir nicht hierher folgen will?" Soll ich deinen Sohn Isaak zurückbringen in das Land, aus dem du kommst?" Abraham antwortet unmissverständlich: „Auf keinen Fall! Sollte dir das Mädchen nicht folgen wollen, dann bist du von deiner Verpflichtung entbunden" (Genesis 24,8). Warum beharrt Abraham so sehr darauf? Wenn Isaak nach Haran zurückgehen würde, hätte Abraham Haran gar nicht erst verlassen und seine Pionierreise zu einem neuen Lebensstil nicht zu machen brauchen. Wenn Isaak nach Haran zurückgehen würde, wäre das noch junge Bündnis in Todesgefahr. Der einzige Weg, sein Fortbestehen zu sichern, war es, in Haran eine Frau zu finden, die zu diesem Bund passt, und sie zu Abrahams „Bundes-Brutkasten" in Kanaan zu bringen.

Während Elieser am Brunnen wartet, denkt er sich den perfekten Test aus. Wenn er ein Mädchen um einen Schluck Wasser bitten würde, dann wäre die richtige Frau diejenige, die nicht nur ihm etwas gäbe, sondern auch anböte, seine zehn Kamele zu tränken. Schließlich würde nur eine freundliche und mitfühlende Frau eine so harte Arbeit anbieten, zehn Kamele zu tränken.

Rebekka ist, wie wir sehen werden, ebenso scharfsinnig und tüchtig wie hart arbeitend. Sie entpuppt sich als die stärkste Persönlichkeit der biblischen Matriarchinnen, und ihr Ehemann Isaak spielt neben ihr die zweite Rolle in den Erzählungen.

Rebekka, nicht Isaak (Genesis 25,23), erfährt von Gott, dass ihr jüngerer Sohn Jakob und nicht der ältere Esau der Bundes-Erbe sein soll. Wie Abraham verlässt sie sich nicht einfach auf göttliche Versprechen. Sie sorgt dafür, dass es auch so geschieht. Als ihr Mann alt und blind ist,

ist er drauf und dran, den Segen des Bundes an Esau zu vererben (Genesis 27,5–13). Während ihre Vorgehensweise ethisch zweifelhaft ist, ist ihre Vision klar. Sie hat das Gefühl, dass es ein Desaster für Esau wäre, den Bund weiterführen zu sollen. Sie überzeugt Jakob ihrem Plan zu folgen, sich den Segen des Bundes für sich selbst zu verschaffen. Als Jakob darauf gute Gründe hatte, die Rache Esaus zu fürchten, klügelt Rebekka den Rettungsplan aus (Genesis 27,41–46).

Wie viele andere Frauen später in der Bibel (Tamar, Zippora, Jocheved, Deborah, Hannah und Samsons namenlose Mutter) ist sie viel mehr auf den Willen Gottes eingestimmt als ihr Ehemann. Indem Abrahams Diener Rebekka von Haran nach Kanaan bringt, hat er nicht nur seinen Schwur gegenüber Abraham erfüllt, sondern auch das Fortbestehen des Bundes gesichert.

Jakob
Das soll der Erbe des Bundes sein?

Jakob ist im Buch Genesis derjenige mit dem vielschichtigsten Charakter. Seine Geschichte ist grundlegend für mein Verständnis des gesamten Buches. Jakob ist ein unsympathischer Junge (Genesis 25 und 27): Er ergaunert von seinem hungrigen Bruder das Erstgeburtsrecht. Vor seinem blinden Vater stehend lügt er zweimal und behauptet Esau zu sein. Schließlich stiehlt er den Segen, den Isaak seinem älteren Bruder geben wollte.

Es muss zwischen dem Erstgeburtsrecht und dem Segen unterschieden werden. Das Erstgeburtsrecht ist der wirtschaftliche Vorteil, den der Erstgeborene empfing. Mit dem Tod des Vaters erhielt der Erstgeborene den doppelten Anteil aus dem Familienvermögen. Von Isaak hätte Esau zwei Drittel und Jakob ein Drittel geerbt. Wenn es drei Söhne gewesen wären, hätte der Älteste die Hälfte und die beiden anderen jeweils ein Viertel bekommen. Es ist wie mit einem weiteren, fiktiven Sohn, dessen Anteil der Älteste bekommt. Mit dem Erstgeburtsrecht war nach dem Tode des Vaters die Verantwortung für die Mutter und die Schwestern verbunden. Das Erstgeburtsrecht ist es, das Esau für einen Teller Linsen verkauft (Genesis 25,34).

Etwas ganz anders ist der Segen, den Jakob in Genesis Kapitel 27 stiehlt. Der Segen überträgt dem einen, der ihn empfängt, die unmittelbare Verantwortung für das Bündnis, das Gott mit Abraham einging. Isaak wollte Esau diesen Segen geben, aber Rebekka überzeugt Jakob ihn zu stehlen.

Vor vielen Jahren in einem Ulpan, einem Hebräisch-Intensiv-Kurs in Israel, kritisierte ich Jakob wegen der

49

Gemeinheiten an seinem Bruder. Eine zum orthodoxen Judentum gehörende Frau fiel (mit Worten) über mich her. „Wie kannst du so dumm sein?", schimpfte sie, „Weißt du nicht, dass Esau ein Räuber und Mörder war und Jakob ein Tora studierender Zaddik (ein Gerechter)?" Sie zitierte — natürlich — den Midrasch, für sie wortwörtliche Wahrheit. Obwohl ich die Midrasch-Literatur liebe, bin ich nicht einverstanden mit der Sichtweise des Midrasch, dass Jakob rechtschaffen war und Esau böse. Diese Interpretation ist ein Versuch der Rabbinen, zu rechtfertigen, dass Gott Jakob als Erben des Bündnisses wählte an Stelle seines älteren Bruders.

Wie in der Geschichte von Kain und Abel fühlen sich die Rabbinen unwohl mit der Vorstellung, Gott würde kapriziös handeln oder in einer Weise, die ungerecht erscheint. In diesen beiden Geschichten, behindern die Midraschim die Leser eher in ihrem Verständnis, als dass sie es vertiefen. Sie verlieren den Interpretations-Grundsatz aus dem Blick, wonach der Bibeltext niemals seine einfache, gradlinige Bedeutung verlieren kann.

In der Bibel gibt es keinen Zweifel, dass Esau das unschuldige Opfer der Schikanen seines Bruders ist. Aber wir müssen feststellen, ohne Esau zu verunglimpfen, dass Jakob größeres verborgenes „Bündnis-Talent" hat, als sein älterer Zwillingsbruder. Trotz vieler Charaktermängel hat Jakob die Fähigkeit zur Zukunftsplanung und zu großen Gedankenentwürfen.

Was Esau angeht, charakterisierte vor vielen Jahre einer meiner Bar Mitzwa-Schüler, David Broida, ihn sehr treffend: „Esau war nicht schlecht. Er war wie ein Junge, der, wenn er wählen soll, ob er gleich einem großen Schoko-Kuchen bekommen will oder später ein Zehn-Gänge-Fahrrad, den Kuchen wählen würde."

Ja, die Rabbinische Literatur mag Jakob rechtfertigen, aber der biblische Text selbst zeichnet die Nuancen und Raffinesse des Mannes viel genauer. Wiederholt verurteilt die Bibel Jakobs Handeln streng, und er hat schlimme Strafen für schwerwiegende Sünden zu erdulden.

Bedenke, wie Laban ihn in der gleichen Weise austrickst, wie Jakob es mit seinem Vater tat (Genesis 29,16 ff.): Jakob, der jüngere, gab sich selbst als sein älterer Bruder aus, als sein Vater nicht sehen konnte. Laban drehte den Spieß um, in dem er die ältere Schwester Leah für die jüngere Rachel ausgab, als Jakob nichts sehen konnte. Es ist völlig symmetrisch. Jakob heiratete vier Frauen, aber die einzige, die er wirklich liebte – wieder ist es Rachel – war unfruchtbar (Genesis 29,31). Als sie schließlich Kinder bekommen konnte, starb sie bei der Geburt ihres zweiten Sohnes (Genesis 35,22). Seine Tochter Dinah wurde Opfer einer demütigenden Vergewaltigung (Genesis 34). Sein Sohn Ruben schläft mit der Konkubine seines Vaters (Genesis 35,22), und sein Lieblingssohn Joseph wird gekidnappt und für tot erklärt (Genesis 37). In biblischen Begriffen kann jedes dieser Ereignisse in Jakobs Leben als Strafe für seine Jugendsünden gelten. Zudem war Jakob die letzten siebzehn Jahre seines Lebens abhängig von Josephs Unterstützung (Genesis 47 ff.).

Labans Betrug, im Brautgemach Rachel durch Leah auszutauschen, war nur der Anfang der zwanzig Jahre, zu denen Jakob verurteilt war und die ich „Die Laban Besserungsanstalt Ford Knocks" nenne. Laban machte Jakob das Leben zur Hölle. In Jakobs Worten (Genesis 31,38–41): „In den zwanzig Jahren in deinem Dienst hast du mich verantwortlich gemacht für jedes Tier, das an Raubtiere verloren ging. Am Tag hat sengende Hitze mich fast umgebracht und Frost in der Nacht. Meine Augen fanden keinen Schlaf und viele Male hast du meinen Lohn verändert ... .“

Bis zu dem Tag, an dem er sein Haus verließ, um vor Esaus Zorn zu fliehen, hatte Jakob sich keine Gedanken machen müssen über irgendetwas oder irgendjemanden jenseits seiner eigensüchtigen Wünsche. Sein moralischer Horizont weitete sich in der ersten Nacht, in der er auf sich allein gestellt war. In seinem Traum wiederholte Gott ihm gegenüber das Bündnis-Versprechen, das der EwigEine Abraham gegeben hatte. Als er von dieser Gotteserscheinung erwachte, rief Jakob aus (Genesis 28,16): „Tatsächlich, der EwigEine ist an diesem Ort. Ich aber habe es nicht gewusst.“

Mit Jakobs Reichtum wuchs auch seine Demut und Urteilskraft. Trotzdem waren zwanzig Jahre Exil genug für Jakob. Er entschied nach Hause zu reisen, obwohl er wusste, dass Esau geschworen hatte, in zu töten, und ihm mit einer Truppe von vierhundert Mann entgegen zog. Als er Gott um Hilfe anrief, bekannte er, dass er „unwürdig sei all der Freundlichkeit“, die Gott ihm erwiesen hatte (Genesis 32,11).

In der Nacht bevor er seinen Bruder treffen sollte, kämpfte Jakob mit allem, was er war und zu sein gehofft hatte. Es war ein Kampf, der sein Leben veränderte. Aus dem Kampf mit Gott, seinem Gewissen und allem, was er Esau angetan hatte, erwuchs ein neuer Mann mit neuen Absichten. Er erreichte eine Versöhnung mit Esau, um sicher zu stellen, dass sie friedlich zusammen leben konnten – jeder auf seinem eigenen Land. Und er humpelte wegen einer verletzten Hüfte, um uns zu lehren, dass mit Gott ins Reine zu kommen – dahin zu kommen, wie unser Leben nach Gottes Willen sein soll – ebenso Schmerz bedeuten kann wie Fortschritt und Belohnung.

Mit wem hat Jakob gekämpft in dieser ereignisreichen Nacht? War es ein Engel, sein Gewissen, oder kämpfte er mit Gott? – Vielleicht war es der Geist seines Bruders Esau. Oder eine Kombination der oben genannten Möglichkeiten. Das können wir nicht sicher wissen. Worin wir aber sicher sind, ist, dass Jakob nach dem Kampf als neuer Mann mit einem neuen Namen aufwachte. Er wurde zu „Israel", das bedeutet „einer, der mit Gott kämpft". Erst nach dieser Nacht entfaltete Jakob sein volles Potential als Bündnis-Partner mit dem EwigEinen.

Beachte, dass der Name Israel nicht bedeutet, an Gott glauben oder Gott ganz und gar zu verstehen. Er bedeutet, damit zu kämpfen, dass es, trotz all des Bösen und der Ungerechtigkeit in der Welt, einen guten, fürsorglichen Gott gibt, der uns beschwört uns einzusetzen, die Welt zu einem besseren Ort zu machen. Die Einladung zu diesem Kampf, den Weg zu finden, wie jeder von uns seine Begabungen für eine bessere Welt nutzen kann, stammt aus der Hebräischen Bibel. Aber sie ist offen für alle, ganz gleich, ob wir uns mit einer bestimmten Religion identifizieren oder nicht.

Nach überstandenem Kampf war Jakob klar, dass Esau für einen Krieg gerüstet war (Genesis 32,7). Aber Jakob bereitete sich vor, Frieden zu schließen. Er sandte seinem Bruder großzügige Geschenke (Genesis 32) – eine Unmenge von Kühen, Bullen, Ziegen, Kamelen, Mutterschafen, Böcken und Eseln. Durch diese Geste, bemühte sich Jakob seinem Bruder den materiellen Wert seines Erstgeborenenrechts zu erstatten, das er ihm lange zuvor entrissen hatte (Genesis 25,29).

Mit diesem Angebot, sagte Jakob, der jetzt Israel ist:

„Ich erkenne und bedaure den Schmerz, den ich dir bereitet habe." Das Geschenk war so wertvoll und so aufrichtig, dass Esau in dem Moment, als er und Jakob sich begegneten, den seit zwanzig Jahren geplanten Weg der Gewalt verließ. Die beiden Brüder umarmten sich, wie Brüder es tun sollen.

Jakobs Entwicklung und Reifung machten ihn würdig, den Namen Israel zu tragen. In seiner Veränderung ist er würdig, für uns Vorbild zu sein. Die hebräische Bibel kennt keine vollkommenen Menschen. Alle ihre Charaktere haben beträchtliche Fehler. Jakob wuchs an den Fehlern seiner Jugend und wurde zum verantwortungsbewussten Führer unseres Volkes. Er segnet Josephs Söhne und nimmt sie in das Bündnis mit Gott auf. Obwohl er als Pensionär siebzehn Jahre in Ägypten lebt, lässt er Joseph schwören, ihn nicht im fremden Land zu begraben, sondern in dem Land, das Gott seinen Vätern Abraham und Isaak versprochen hatte: Das Land, das Abraham vor allen Bewohnern von Heth zu einem exorbitanten Preis kaufte.

Joseph
Ein Vorbild für Veränderung

Wie Jakob verhielt sich auch Joseph in seiner Jugend fragwürdig. So hatten seine Brüder vier gute Gründe, ihn zu hassen (Genesis 37):
- Er war seines Vaters Liebling.
- Er war eine Petzer.
- Er hatte grandiose Träume von seiner Überlegenheit, mit denen er seine Brüder stichelte.
- Nur er bekam den legendären bunten Mantel von seinem Vater.

Als sich die Gelegenheit gradezu aufdrängte, warfen Josephs Brüder ihn in eine Grube und verkauften ihn als Sklaven nach Ägypten. Als Sklave stieg Joseph im Haus seines Besitzers Potifar zu einer verantwortungsvollen Position auf. Wenn die Geschichte hier zu Ende wäre, würden wir Josephs Erfolg bewundern. Aber die Geschichte fängt grade erst an.

Potifars Frau versucht Joseph zu verführen. Er widersteht ihr und hält ihr entgegen, dass er seinen Herren, der ihm doch so viel gegeben hat, betrügen würde, wenn er Sex mit ihr hätte. Darüber hinaus wäre es auch eine „Sünde gegen Gott" (Genesis 39,9). Dass Joseph die Annäherungsversuche der Verführerin mit Hinweis auf seinen Besitzer zurückweist, war selbstverständlich in der antiken, heidnischen Welt. Man machte nicht herum mit seines Herren Ehefrau!

Mit dem Anspruch, mit einem Seitensprung auch gegen Gott zu sündigen, betreten Joseph und die Tora aber wohl moralisch neuen Boden. Diese Vorstellung war völlig neu in der heidnischen Welt. Die alten heidnischen Götter scherten sich nicht um Sexualmoral.

Als Joseph die Annäherungsversuche der Frau Potifars zurückwies, schrie sie: „Vergewaltigung!" Daraufhin verurteilte Potifar Joseph zu Kerkerhaft. Einige Kommentatoren merken überzeugend an, dass Potifar seiner Frau die Behauptung nicht glaubte, denn sonst hätte er Joseph zum Tode verurteilt.[1]

Im Kerker gelangte Joseph – so wie schon zu Hause und in Potifars Haus – zu einer herausgehobenen Stellung. Und er interpretierte die Träume seiner Mitgefangenen, den Weinverkoster und den Bäcker des Pharao, zutreffend. Als Pharao später selbst Träume hatte, die weder er noch seine hauseigenen Experten deuten konnten, erinnerte sich der Weinverkoster an Joseph und erzählte Pharao von ihm. Schleunigst holten Wächter Joseph aus dem Kerker. Sie verpassten ihm eine Rasur, einen Haarschnitt und angemessene Kleidung – für etwas, was sich als Audienz mit dem mächtigsten Mann der Welt herausstellte.

Als Pharao seine Träume erzählte, wird erkennbar, dass Joseph sich geändert hatte. Als Junge deutete er hochmütig seine eigenen Träume für seine Brüder. Jetzt hat er die Demut dem Pharao mit den Worten zu antworten: „Ich kann es nicht, aber Gott wird des Pharao Träume deuten" (Genesis 41,16). Wie sein Vater vor ihm, lernte Joseph durch Erfahrung demütig zu sein.

Joseph deutet nicht nur die Träume Pharaos, sondern hat noch dazu die Chuzpe (die Frechheit), in einem

---

1 Diese und viele anderen Beobachtungen an der Josephsgeschichte verdanke ich meinem Studium bei dem großen Lehrer an der Hebrew University Nehama Leibowitz während meines Aufenthalts in Jerusalem in den Jahren 1970 und 1971.

Moment, der als eines der größten carpe diem aller Zeiten gelten muss, dem Pharao Ratschläge für administrative Anweisungen zu geben. Joseph erklärt Pharao, dass Ägypten sieben Jahre der Fülle erleben wird, gefolgt von sieben Jahren des Hungers. Joseph bietet einen Vorratsplan an für die Jahre der Fülle und einen Verteilungsplan für die Jahre der Hungersnot. Pharao ist begeistert von Josephs Plan. Joseph wird – in einem erstaunlichen kometenhaften Aufstieg – ein „Star". Im Nu wird aus dem Knastbruder die Nummer Zwei im Staat Ägypten, mit einer Staatskarosse zu seiner Verfügung.

Die sieben Jahre der Fülle vergingen schnell. Joseph heiratete und hatte zwei Söhne. Die Jahre des Hungers folgten. Joseph hatte in den Jahren des Überflusses effizient Nahrungsmittel gespeichert. Und als die Hungersnot begann, kamen die Menschen aller Mittelmeerländer nach Ägypten, um Lebensmittel zu kaufen (Genesis 41,4–57). Unter den Käufern waren Josephs Brüder. Er erkannte sie, aber sie hatten keine Ahnung, dass der ägyptische Prinz, der sie in seinen Palast geladen hatte, der Bruder ist, den sie zwanzig Jahre zuvor als Sklave verkauft hatten (Genesis 42).

Jakob hatte alle seine Söhne losgeschickt, um Getreide zu kaufen, außer Benjamin, den jüngsten und den einzigen verbliebenen Sohn seiner geliebten Frau Rachel. Sie starb bei der Geburt von Benjamin, der Josephs Platz einnahm als Augapfel Jakobs. Jakob erlaubte Benjamin ungern das Haus zu verlassen.

Joseph geht dann „an die Arbeit" an seinen Brüdern. Aber nicht mit den Beweggründen, die viele Kommentatoren Joseph zuschreiben. Einige behaupten, Joseph bereitet seinen Brüdern solche Schwierigkeiten, um sich zu rächen. Andere sagen, er will seine Jugendträume, dass seine Brüder sich vor ihm demütigen, wahr werden sehen. Mit allem Respekt, ich glaube diese Interpretationen trifft nicht den wahren Kern.

Als er sie sah, beschuldigte Joseph seine Brüder sofort der Spionage. Er verhörte sie. Und als sie offenbarten, dass sie zu Hause noch einen jüngeren Bruder hätten, verkündete er ihnen, dass sie niemals wieder zurückkehren könnten, um Getreide zu kaufen, es sei denn, sie brächten ihren jüngeren Brüder mit. Einen seiner Brüder, Simeon, behielt er als Geisel. Um seine Brüder noch mehr zu beunruhigen, ließ er seinen Diener heimlich das Geld, das sie für die Nahrungsmittel bezahlt hatten, in ihr Gepäck zurücklegen.

Als sie nach Hause kamen und Jakob erzählten, was passiert war, war er bestürzt und schwor, dass er Benjamin nicht nach Ägypten gehen lassen würde. Er konnte den Gedanken nicht ertragen, Rachels einziges verbliebenes Kind, Benjamin, wie einst Joseph zu verlieren.

Nichtsdestotrotz, drei Hebräische Worte (sieben auf Deutsch) änderten seine Meinung (Genesis 43,1): „W'harah-aw kah-wade bah-ah-retz" – „Aber die Hungersnot war schlimm im Land!" Schließlich stellte Juda seinen Vater vor die Entscheidung und sagte auf den Punkt gebracht: „Entweder wir nehmen den Jungen mit oder wir verhungern. Wir wären schon zweimal hin- und zurück, wenn wir nicht hier herumgetrödelt hätten." Dann schwor Juda seinem Vater, dass er die volle Verantwortung für die Sicherheit des Jungen übernehmen würde. Er versprach (Genesis 43,9): „Wenn ich ihn dir nicht zurückbringe, dann will ich diese Schuld vor dir für immer tragen."

Widerwillig schickte Jakob Benjamin mit seinen Brüdern nach Ägypten. Als Joseph Benjamin sah, ließ er ihn sofort bevorzugt behandeln (wie Jakob Joseph behandelt hatte).

Er brachte Simeon zu seinen Brüdern und füllte die Säcke mit Getreide. Als aber seine Brüder ihre Abreise vorbereiteten, wies Joseph seinen Chef-Diener an, seinen privaten Trinkpokal in Benjamins Getreidesack zu verstecken, so dass es aussah, als hätte der Junge ihn gestohlen.

Nachdem die Brüder nach Hause aufgebrochen waren, schickt Joseph einen Offizier, um den Dieb festzunehmen. Als der Offizier den Trinkpokal in Benjamins Sack entdeckt, kehren alle Brüder nach Ägypten zurück. Joseph erklärt, dass Benjamin als sein Sklave in Ägypten bleiben muss. Das ist der Moment, in dem Juda vortritt und eine Rede hält, die nicht nur die längste der Tora ist, sondern eine der bewegendsten der ganzen Literatur. Sir Walter Scott nannte Judas Rede „das vollständigste Muster genuiner natürlicher Eloquenz aller Sprachen."[2] Juda erzählt ganz genau (Genesis 44, 18 ff.), was während ihres letzten Besuches in Ägypten sowie auch zu Hause zwischen den Besuchen passiert war. Dann erklärt er, dass er sich selbst verbürgt habe für Benjamins sichere Rückkehr zu seinem Vater. Er bietet an, selbst als Josephs Sklave da zu bleiben, weil, wie er sagt, sein Vater sterben würde, wenn Benjamin nicht nach Hause zurückkäme. In diesem Moment gibt Joseph sich seinen Brüdern zu erkennen und vergibt ihnen.

Die entscheidende Frage ist, warum Joseph so an seinen Brüdern handelte. War es Rache? Oder Verwirklichung seiner Träume? Beide Erklärungen führen in die Irre. Wenn Joseph sich hätte rächen wollen, hätte er das schnell und entschieden tun können. Es hätte keinen Grund gegeben,

---

2   Zitiert nach: Joseph Hertz (Hrsg.): The Pentateuch and Haftarahs, London 1979, S. 169.

59

seine Brüder in eine solch spitzfindige List zu verwickeln. Außerdem waren seine Kindheitsträume schon in dem Moment wahr geworden, als seine Brüder vor ihm in Ägypten auftauchten und sich bis zum Boden vor ihm verneigten. Nein, Joseph war weder an Rache noch an der Erfüllung seiner Träume interessiert.

Joseph tat, was er tat, aus einem einzigen Grunde: Er musste herausfinden, ob es seinen Brüdern Leid tat, dass sie ihn als Sklaven verkauft hatten. An der Rede Judas erkannte Joseph, dass Juda, der einst vorgeschlagen hatte, ihn zu verkaufen, reifer geworden war. Juda und seine Brüder spürten nun den Schmerz, den sie ihrem Vater zugefügt hatten. Als Joseph hörte, dass Juda sogar seine eigene Freiheit opfern würde, um seinen Vater davor zu bewahren, solches Leid ein zweites Mal zu erleben, gab er sich seinen Brüdern zu erkennen.

In meinem Studium in Jerusalem bei Nehama Leibowitz lernte ich, dass im jüdischen Denken eine Person die sündigt und bereut, ein „baal teschuwa" ist, ein „Herr der Reue". Doch es gibt noch eine weitere Kategorie die des „baal teschuwa schelema", „Herr der vollkommenen Reue", die zutreffend das Verhalten Judas beschreibt. Er hat gesündigt. Dann war er in der Situation, die gleiche Sünde wieder zu begehen. Niemand hätte es Juda zum Vorwurf machen können, Benjamin zurück zu lassen. Es war ja nicht sein Vergehen, dass Josephs Trinkpokal in Benjamins Gepäck gefunden wurde. Aber derselbe Juda, der Joseph verkauft hatte, wollte nicht ohne Benjamin nach Hause gehen.

Aus ätiologischer Perspektive[3] erklärt diese Heldentat des Juda, warum wir heute – nach Juda – Juden genannt

---

3 Ätiologie – Wissenschaft der Ursachen.

werden, und nicht Gaditen oder Ascheriten nach irgendeinem anderen Sohn Israels.

Aus spiritueller Perspektive, lehrt uns die Josephsgeschichte, wie wir uns durch Reue verändern können. Wie schon zuvor erwähnt, ist keiner der Charaktere in Genesis (und dies gilt für die ganze Bibel) ein herausgeputzer Heiliger. Sie sind Menschen aus Fleisch und Blut, die ihr Leben verkorksen – und das manchmal sehr –, aber durch diese Erfahrungen wachsen und zu besseren Menschen werden. Juda ist ein herausragendes Beispiel dafür, so wie auch Jakob und Joseph. Welch wertvolle und realistische Vorbilder für uns alle, die Fehler, die wir alle in unserem Leben machen, zu bedauern und, wenn möglich, wieder gut zu machen!

Was veränderte Juda? Es ist wichtig wahrzunehmen, dass es Judas Schwiegertochter Tamar war, die hauptsächlich zu seiner Veränderung beitrug (Genesis 38). Tamar war die Frau von Judas verstorbenem ältesten Sohn Er. Den Bräuchen der Leviratsehe[4] entsprechend heiratet Tamar Ers Bruder Onan. Als der auch starb, fürchtete Juda, das gleiche Schicksal würde auch seinen dritten Sohn Schelah treffen. In einem irregeleiteten Versuch, Schleachs Leben zu retten, brach Juda sein Versprechen, sie mit Schleach zu verheiraten. Stattdessen schickte er sie zu ihrem Vater, um in dessen Haus als Witwe zu leben.

Einige Zeit später starb Judas eigene Frau, und Tamar begriff, dass Juda plante, sie in ihrer Witwenschaft schmoren zulassen. Tamar handelt mit viel Mut und Entschlossenheit. Sie verkleidete sich als Prostituierte und verführte Juda. Dabei wurde sie schwanger.

---

4   Eine kinderlose Witwe heiratet den Bruder ihres verstorbenen Ehemannes, dessen Namen das dann geborene Kind trägt.

Als Juda erfuhr, dass Tamar schwanger war, war Juda wütend. Aber sie konnte beweisen, dass Juda selbst sie geschwängert hatte. Juda musste zugeben (Genesis 38,26): „Sie ist rechtschaffener als ich, weil ich sie nicht mit meinem Sohn Schelach verheiratet habe."

Zwar hat Tamar nicht das volle Maß des ihr zustehenden Rechts bekommen, doch sie weigerte sich, ein passives Opfer des damaligen Systems zu sein. Sie bewies Stärke und Mut. Sie war bereit, alles zu riskieren, um gegen Ungerechtigkeit einzustehen. „Unzufriedenheit kann entweder Menschen paralysieren oder sie bewegen, für ihr Recht zu kämpfen. Angetrieben von ihrer eigenen Entschlossenheit, für das zu kämpfen, woran sie glaubte, gab Tamar niemals auf."[5] Tamars Mut brachte ihr nicht nur die Söhne ein, die sie ersehnte, sondern veränderte Juda vom Verbrecher zum Helden, so würdig, dass unser ganzes Volk seinen Namen trägt.

Auf den überwältigenden Höhepunkt, auf dem Joseph sich seinen Brüdern offenbart und ihnen vergibt, folgt in Genesis eine abschließende Szene, die wir uns genauer ansehen müssen. Als Joseph seinen Brüdern vergibt, dass sie ihn als Sklaven verkauft hatten, tut er es bedingungslos. Er spricht liebevoll mit ihnen und versorgt sie, bis sie sich in Ägypten eine neue Lebensgrundlage geschaffen hatten.

Siebzehn Jahre später, als Jakob stirbt, sind die Brüder verängstigt und schreien (Genesis 50,15): „Was wenn Joseph jetzt, wo Vater tot ist, Rache an uns nimmt und uns alles Schlechte heimzahlt, das wir ihm getan haben." Doch Joseph war nie an Rache interessiert, so auch jetzt nicht.

---

5 Scharon Pace Jeansonne: The Women of Genesis. From Sarah to Potifars Wife, Minneapolis 1990, S. 106.

62

In einer der erstaunlichsten Interpretationen menschlichen Geschicks, antwortet Joseph seinen verängstigten Brüdern (Genesis 50,19–20): „Fürchtet euch nicht! Stehe ich an Gottes Stelle? Obwohl ihr mir schaden wolltet, hat Gott Gutes bewirkt und das Überleben vieler Menschen gesichert ... So beruhigte er sie und redete freundlich mit ihnen."

Josephs liebevolle Antwort an seine Brüder verkörpert die jüdische Einstellung zu Vergebung. Wenn andere bei uns Vergebung suchen, für das, was sie falsch gemacht haben, sollen wir großzügig, aufrichtig und bedingungslos Vergebung gewähren, wie Joseph es gegenüber seinen Brüdern tat.

Das ist die lebenswichtige Botschaft, die die Josephsgeschichte und das Buch Genesis abschließt. Joseph hat seine Brüder nicht angeklagt, weil er erkannt hatte, dass es seine Bestimmung war, nach Ägypten zu kommen und seine Talente zu nutzen, das Land vor der Hungersnot zu schützen.

Jeder von uns hat eine Bestimmung, die wir zu erfüllen versuchen können. Bestimmung ist etwas anderes als Schicksal. Schicksal ist unabwendbar. Bestimmung nicht. Wir müssen entscheiden, was unsere Bestimmung ist, und uns zu ihrer Erfüllung entschließen. Wir mögen in schwierige Lebensumstände geraten. Wie Joseph können wir nach Möglichkeiten suchen, auch in Zeiten der Not Gutes zu tun, oder wir können einfach die „Bedingungen" oder andere für unser Unglück verantwortlich machen. Josephs Antwort an seine Brüder (Genesis 50,20): „Ihr hattet Böses mit mir vor, aber Gott plante damit Gutes", muss nicht erklärt werden. Wie wir mit Not umgehen, ist eines der wichtigsten Barometer, ob wir das Ebenbild Gottes, nach dem wir geschaffen sind, stärken oder schwächen.

Sklaverei
Sensibilisierung für Leid

Am Ende der Genesis ist alles hübsch zurecht gemacht. Die Kinder Israels leben so komfortabel und heimelig, dass das Buch Genesis auch mit dem Satz enden könnte: „Und so lebten sie für immer glücklich und zufrieden." Das Glück war jedoch kurz. Nach einer knappen Genealogie beginnt das Buch Exodus mit (Exodus 1,8): „Es erhob sich ein neuer König, der nichts von Joseph wusste." Für diesen neuen Pharao wurden die Juden schnell zu unerwünschten Personen. Er unterdrückte uns, versklavte uns und machte uns das Leben unerträglich.

Mit dem Umschwung von Komfort, der „jüdisches Leben" am Ende der Genesis kennzeichnete, zu Verfolgung und Unterdrückung, die am Beginn des Exodus plötzlich über uns kamen, erscheint das Muster für jüdische Existenz in fast jeder Gegend der Welt, in der wir seitdem lebten. Wenn die Wirtschaft gut lief, waren Juden willkommen und es ging ihnen gut. Wenn die Wirtschaft schwächelte, erlebten Juden Verfolgung, Vertreibung und Ausrottung. In den Vereinigten Staaten z. B. erreichte der Anti-Semitismus seinen Höhepunkt während der Großen Depression.

Pessach, das den Auszug aus Ägypten feiert, ist das am häufigsten begangene jüdische Fest. Der Grund dafür, liegt darin, dass es sich unmittelbar auf eine Erfahrung bezieht, die Juden durch die Geschichte hindurch in vielen verschieden Gesellschaften machen mussten.

Das Eröffnungskapitel des Buches Exodus lehrt uns, dass es keine Garantie gibt, dass Juden immer willkommen und frei sein werden, auch nicht in den Vereinigten Staaten von Amerika. Zwar gibt es natürlich gute Gründe für die Hoffnung, dass die Freiheit der Religionsausübung, die die Verfassung der Vereinigten Staaten garantiert, Juden und andere Minderheiten immer schützen wird. Nichtsdestotrotz wäre die Vorstellung töricht, dass das Muster von Enttäuschung, Verfolgung und Vertreibung sich nicht wiederholen könnte.

Aber die Exodus-Erzählung enthält eine weitere lebenswichtige Lehre: Wir müssen sensibel sein für das Leiden anderer. Anders, als es viele Rechtsauffassungen bis in unsere Tage tun, kennt die Tora keine unschuldigen „Unbeteiligten". Vielmehr lesen wir (Exodus 23,4 und 5): „Wenn du siehst, dass deines Feindes Ochse oder Esel sich verirrt hat, musst du sie auf jeden Fall zu ihm zurückbringen. Wenn der Esel von jemanden, der dich hasst, unter seiner Last liegt, und du denkst, du brauchst ihm nicht helfen (Denk nochmal nach!): Du bist definitiv verpflichtet, ihm auf die Beine zu helfen!"

Tatsächlich fasst die Tora den Imperativ, dich nicht abzuwenden, wenn du jemanden helfen solltest, zusammen in dem großartigen Statement (Deuteronomium 22,3): „Lo too-chal l'heet-ah-lame" – „Du sollst nicht gleichgültig sein!"

Die Tora macht sehr deutlich, warum uns das Leid anderer etwas angeht, vor allem das der „Fremden, Witwen und Waisen", derer, die unterprivilegiert sind in einer Gesellschaft (Deuteronomium 24,18): „Ihr aber sollt daran denken, dass ihr Sklaven wart in Ägypten, und dass der HERR, euer Gott, euch daraus erlöst hat; darum gebiete ich dir, dieses zu tun" .

Einer der wichtigen Texte für den Sederabend, mit dem das Pessachfest beginnt, lehrt (Exodus 13,8): „In jeder

Generation soll sich jede Person so fühlen, dass sie tatsächlich selbst aus Ägypten weggegangen ist." Es heißt: „Und du sollst deinen Kindern an dem Tag erklären: 'Es ist um des Willen, was der EwigEine für mich getan hat, als ich selbst aus Ägypten fortging'." Mit anderen Worten, die symbolischen Speisen und die Texte des Seder wirken zusammen, um uns sowohl das Leid der Sklaverei, als auch die Freude der Befreiung erfahren zu lassen. Wir lesen nicht nur davon oder denken daran. Vielmehr durchleben wir es, um uns zu inspirieren solches Leid bei anderen zu lindern, wann und wo wir können.

Wie ist es nun? Fand der Exodus wirklich statt? – Manche Gelehrten sagen: „Ja", andere sagen: „Nein". Es ist eine interessante Debatte, aber für mich ist die Wahrheit der Geschichte die Wirkung, die sie auf die kulturellen Werte unseres Volkes hat und das Maß, mit dem wir als Einzelne sensibel für das Leiden anderer sind.

Sechs heroische Frauen
Wo wären wir ohne sie?

Im Gegensatz zu einer weit verbreiteten Behauptung, spielen Frauen in der Bibel oft eine heroische Rolle. Viele haben mehr Köpfchen als ihre Ehemänner. Eva, Rebecca, Tamar, Hannah, Ruth, Vasti, Esther, Samsons (namenlose) Mutter und Debora sind nur einige Beispiele mutiger Frauen, die Geschichte und biblisches Denken verändert haben. In der Geschichte des Exodus aus Ägypten spielen sechs Frauen eine für ihren gesamten Verlauf unverzichtbare Rolle.

Pharaos Entscheidung mit den Hebräern „weise umzugehen" (Exodus 1,10), führte zu der grausamen Anweisung an die hebräischen Hebammen Schirphra und Pua (Exodus 1,16): „Wenn eine Frau gebiert, schaut nach: Ist es ein Junge, dann tötet ihn, ist es ein Mädchen, dann lasst es leben." Die Tora berichtet, dass Schiphra und Pua (zwei unserer größten und am meisten unterbewerteten Heldinnen) den Befehl Pharaos nicht befolgten. Stattdessen retteten sie die Jungen. Als Pharao sie vor sich zitierte und eine Erklärung verlangte, warum sie seine Anweisung ignorierten, antworteten sie (Exodus 1,19): „Die hebräischen Frauen sind genau wie die Tiere. Bevor wir bei ihnen sind, um ihnen zu helfen, haben sie schon geboren." Die Tora berichtet, dass die Taten der Hebammen Gott gefallen, der sie für ihre Rechtschaffenheit belohnt (Exodus 1,21).

Das Beispiel von Schiphra und Pua ist eine scharfe Zurechtweisung derer, die ihre ethischen Untaten mit der Behauptung entschuldigen, sie hätten nur Befehle ihrer Vorgesetzten befolgt. Ein Fallbeispiel: Während der Nürnberger Kriegsverbrecher Prozesse versuchte Angeklagter nach Angeklagter seine Taten damit zu rechtfertigen, er habe nur Befehle befolgt.[1]

Der Mut von Schiphra und Pua ist das zeitlose Zeugnis dafür, dass „nur Befehle ausführen" keine Entschuldigung ist. Jede Person, jeder von uns, ist persönlich verantwortlich für alle seine Taten.

Schiphra und Pua waren nicht die einzigen Heldinnen des Exodus. Außer Mose und seinem Bruder Aaron waren alle heroischen Charaktere Frauen.

Jochebed, Moses Mutter, versteckte ihr Baby und trotzt dem Befehl Pharaos, alle neugeborenen Söhne der Hebräer im Nil zu ertränken. Sie legte ihn in einen Weidenkorb, und setzte ihn im Schilfgürtel des Nils ins Wasser. Interessanterweise ist das hebräische Wort für diesen Korb „taywah". Das gleiche Wort wird für die Arche Noah gebraucht. Das sind die einzigen Geschichten in der Bibel, in denen dieses Wort vorkommt. Aus diesem Gebrauch ergibt sich seine Definition: Eine wasserfeste Kiste, bestimmt Leben

---

1   Nora Lewin: The Holocaust, New York 1968, S. 241–244, hier 242. Lewin schreibt, dass die Verhandlung über den Kommandeur der Einsatztruppe D, Otto Ohlendorf, typisch für die Nürnberger Prozesse war: „Der amerikanisch Ankläger Withney R. Harris fragte Ohlendorf: ‚In dem Jahr, in dem Sie Chef der Einsatztruppe D waren – wie viele Männer, Frauen und Kinder hat Ihre Gruppe da getötet?' Ohlendorf zuckt mit den Schultern und sagt ohne das geringste Zögern: ‚Neuzigtausend'. In einem weiteren Verhör fragte der Richter I. T. Nikitschenko: ‚Aus welchem Grund wurden die Kinder massakriert?' ‚Der Befehl lautete,' sagte Ohlendorf gelassen, ‚die gesamte jüdische Bevölkerung zu vernichten ... .' Als der Ankläger versuchte, das Massaker an den Kindern zu verstehen, war Ohlendorf unerschütterlich: ‚Dem Befehl nach mussten sie getötet werden, wie ihre Eltern.'"

zu retten. Moses „tay-wah" war das kleinste vorstellbare solcher Schiffe, Noahs das größte.

Auch Miriam, Moses Schwester, hatte eine Aufgabe in der Geschichte, die Mut erforderte. Die Bibel erzählt uns, dass sie den Korb von Ferne beobachtet. Dann, als Pharaos Tochter ihn aus dem Wasser zog, rannte Miriam zu ihr und empfahlt Moses eigene Mutter als Amme (Exodus 2,6–9).

Die rabbinische Tradition macht aus Miriam eine größere Heldin, als es die Bibel tut. Nach dem Talmud, war Amram, Moses Vater, zu der Zeit Anführer der Hebräer. Um das Leid zu vermeiden, das Pharaos grausame Anordnung, die neugeborenen Jungen zu ertränken, verursachen musste, befahl Amram allen hebräischen Männern, sich von ihren Frauen zu trennen. Er wollte nicht, dass die Hebräer weiter Kinder zeugten, die Pharao dann tötet.

Miriam jedoch hinterfragte die Entscheidung ihres Vaters, indem sie sagte (B. Sotah 12 a): „Vater, deine Anordnung ist schlimmer als die des Pharao, denn dessen Verordnung richtet sich nur gegen die Jungen, aber deine gegen die Jungen und Mädchen ... Was die Verordnung des bösen Pharao angeht, ist zweifelhaft, ob sie befolgt wird, aber deine wird sicher befolgt, da du rechtschaffen bist."

Miriam hat damit ihrem Vater klar gemacht, dass er sich nicht einfach der Unterdrückung durch die Ägypter beugen darf, so wenig, wie er es seinem Volk erlauben darf. Als Reaktion auf Miriams Rat verheiratet er sich wieder mit seiner Frau, und alle hebräischen Männer folgen seinem Beispiel. Thomas Jefferson, der dritte Präsident der Vereinigten Staaten und maßgeblicher Verfasser der amerikanischen Unabhängigkeitserklärung, prägte ein Wort, das

Miriams Rat im Midrasch treffend zusammenfasst: „Rebellion gegen Tyrannen ist Gehorsam gegen Gott."[2]

Pharaos Tochter hat einen heldenhaften Part in der Geschichte, indem sie Mose rettet und ihn als ihren Sohn aufzieht (Exodus 2,1–12). Der Talmud betont, dass sie wusste, wie schwerwiegend ihr Handeln war (B. Sotan 12 b): Als ihre Mägde sahen, dass sie Mose retten wollte, sagten sie zu ihr: „Herrin, auf der ganzen Welt ist es so, dass das Gebot eines Königs, mag auch niemand es befolgen, zumindest von seiner Familie und seinen Hausgenossen befolgt wird. Aber du übertrittst das Gebot deines Vaters." Dennoch, Pharaos Tochter widersetzt sich ihrem Vater, ihrem König und ihrem Gott-Pharao und rettet Mose. Dafür fiel ihr das Privileg zu, Mose einen Namen zu geben. Und sie selbst bekam den Namen „Bityah", das heißt: „Tochter des Herrn".

Die sechste Heldin ist Zippora, Moses Ehefrau. Als Mose aus dem Exil in Midian zurückkehrte, um dem Pharao entgegenzutreten und die Freilassung der hebräischen Sklaven zu fordern, mischt sich eine obskure Passage, scheinbar ohne Verbindung zu den Texten davor und danach, in den biblischen Text (Exodus 4,24–26): „Während eines Nachtlagers auf dem Weg begegnete ihm der HERR und versuchte ihn zu töten. Da nahm Zippora einen Flintstein und schnitt ihrem Sohn die Vorhaut ab und berührte damit seine Beine und sprach: ‚Du bist wirklich mein Blutbräutigam'. Als ER ihn verließ, fügte sie hinzu: ‚Ein Blutbräutigam wegen der Beschneidung'."

---

2 Inschrift auf dem persönlichen Wappen von Thomas Jefferson (1743–1826), dem dritten Präsidenten der USA, von ca. 1776.

70

Diese Textpassage ist verwirrend. Die Rabbinen können sie auslegen wie sie wollen. Sie entscheiden sich für die Auslegung, dass Zipporas schnelles Denken und mutiges Vorgehen, ihren Sohn zu beschneiden, Mose das Leben rettete. Sie schreiben (Shemot Rabbah 5,6): „So geliebt ist die Beschneidung, dass Moses Strafe für die Nachlässigkeit nicht mal für eine Stunde ausgesetzt wurde." Zippora erkannte, dass Mose in Lebensgefahr war, und rettete ihn, indem sie ihren Sohn Eliezer beschnitt.

Die entschiedenen Bemühungen der Rabbinen, die Bedeutung der Frauen in den Geschichten rund um die populärste religiöse Feier auszuschmücken, werden oft von denen übersehen, die der Meinung sind, Frauen seien im traditionellen Judentum unterprivilegiert. Es ist unfair, die Kultur einer religiösen Tradition, die über 2000 Jahre alt ist, mit unseren heutigen Erwartungen und Standards zu messen. Im Vergleich zu den anderen Kulturen der talmudischen Zeit (200 v. Chr. bis 500 n. Chr.) erfreuten sich jüdische Frauen vieler Vorteile. Deutlich ist, dass die Rabbinen beharrlich daran arbeiteten, den Status von Frauen im Vergleich zu Rechtsprechung und Brauchtum, wie sie sich in der Bibel spiegeln, aufzuwerten. Aber auch durch unsere ganze Reise von der Schöpfung bis an das verheißene Land heran, wie auch durch die ganze Bibel, sehen wir Frauen starke, lebenswichtige Rollen spielen, während ihre männlichen Gegenüber oft ahnungslos daneben stehen.

Mose
Er folgt dem Ruf des Gewissens

Mose wächst als ägyptischer Prinz auf. Nach dem Midrasch lehrte ihn seine Mutter Jochebed Zugehörigkeit und Loyalität zu seinem Volk. Ihre Mühen zahlten sich aus (Exodus 2,11): Eines Tages ging Mose „hinaus zu seinen Brüdern und sah ihre Lasten."

Der Midrasch versteht diese kurze Notiz so (Shemot Rabbah 1,27): „Mose verlässt sein Prinzengefolge. Indem er vorgibt, dem Pharao zu helfen, teilt er ihre Lasten neu zu." Dem folgt eine der gewichtigsten aller Aussagen in den Midraschim, wonach Gott sagt: „Mose, wenn du dich von deiner hohen Position hinab begeben hast, um dich für hebräische Sklaven einzusetzen, dann ist es auch für mich Zeit, von meiner hohen Position herab zu kommen und mein Volk, die Kinder Israels, zu erlösen."

Wow! Dramatischer geht es nicht. Stell dir vor: Durch unsere Taten der Gerechtigkeit können wir den EwigEinen beeinflussen! Die Vorstellung, dass Gott positiv auf gute Taten von Menschen reagiert, ist eine der revolutionärsten Ideen der Tora.

Unglücklicherweise schlug Mose einen ägyptischen Aufseher, den er einen Hebräer schlagen sah, so, dass er starb. Mose musste deshalb aus Ägypten fliehen und seine Position als Prinz endgültig hinter sich lassen.

Mose durchquert die Wüste, kommt nach Midian, begegnet (wie Jakob und Isaak) seiner zukünftigen Frau an einem Brunnen und richtet sich schließlich in einem bequemen Leben ein, als Hirte der Schafe seines Schwiegervaters Jethro, dem Priester von Midian. Später begegnet Mose Gott, der ihn aus einem brennenden Dornbusch heraus zurückruft nach Ägypten. Ein brennender Busch, merken die Rabbinen an, war in der Wüste kein dramatisches Ereignis. Es brauchte eine Person mit außergewöhnlicher Aufmerksamkeit, um zu erkennen, dass der Busch nicht verbrannte, und um die Stimme Gottes aus seinem Inneren zu hören.[1]

Oft fragen mich Leute: „Warum spricht Gott nicht mehr mit uns?" Ich glaube, Gott spricht, aber wir müssen lernen auf Gottes Stimme zuhören. Wie Kain können auch wir uns entscheiden, Gottes Stimme zu ignorieren oder uns ihr zu widersetzen. Wenn wir aber üben, nicht nur zu hören, sondern auch zuzuhören, wird Gott in der Stimme unseres Gewissens zu uns sprechen – genau so, wie Gott vor langer Zeit sprach. Wir müssen uns bemühen, diese Stimme zu bemerken, die uns drängt, den Weg der Gerechtigkeit und Rechtschaffenheit dem Weg der Zweckmäßigkeit und dem Eigennutz vorzuziehen.

Obwohl Mose Gottes Stimme deutlich hörte, zögerte er, sie zu befolgen. Er hielt dem EwigEinen jede mögliche Ausrede entgegen (Exodus 3 und 4): „Wer bin ich, vor den Pharao zu treten? Ich kann nicht gut reden!" Aber Gott ließ sich nicht umstimmen. Die Aufgabe, für die Gott Mose ausgewählt hat, war gewaltig. Mose musste sich selbst überzeugen, dass er der richtige für diesen Job war. Glücklicherweise befolgte er schließlich Gottes Stimme und erfüllte seine Bestimmung.

Möglicherweise gibt es nur einen einzigen Unterschied zwischen Mose und Kain. Kain wendete sich von Gottes

---

1   Louis Ginzberg: Legends of the Jews, Philadelphia 1968, Bd. 2, S. 304.

73

Ruf ab, Mose aber gehorchte. Denk drüber nach! Die Tora lehrt, dass unser Leben Ziel und Bedeutung haben kann. Doch das liegt an uns. Gott will, dass wir unser Bestes tun und unsere Begabungen nutzen, um die Welt besser zu machen. Wir haben nicht alle die Fähigkeit, einen Staat zu lenken, Krebs zu heilen oder eine Erfindung zu machen, die das Leben revolutioniert. Aber wir alle können etwas tun, um die Lebenssituation anderer zu verbessern. Kain sagte „Nein" zu Gott, Mose sagte „Ja". Die vielleicht wichtigste Frage, die wir uns selbst stellen können, ist: Was werden wir antworten, wenn Gott – welch ungewöhnlichen Weg Gott auch wählen mag – uns einen kurzen Einblick in unsere mögliche Bestimmung gewährt?

Gottes Rolle im Exodus

Als Mose sich schließlich auf den langen Weg zurück nach Ägypten macht, hört er Gott etwas sehr Verwirrendes sagen: „Ich habe Pharaos Herz verhärtet, so dass er nicht auf dich hören wird." Das ist Gottes Warnung an Mose: „Das wird nicht leicht werden!"

Ich habe sehr lebendige Erinnerungen an den erste Kurs „Einführung in das Judentum", den ich als junger Rabbi unterrichtete. Als wir den Exodus diskutierten, hob eine Frau ihre Hand und forderte mich mit folgender Frage heraus: „Was ist das für ein böser Gott, der Pharaos Herz verhärtet? Wenn Gott so mächtig ist, warum hat er nicht einfach Pharaos Herz erweicht, so dass er die Sklaven freiwillig freigibt?"

Es wäre natürlich schön gewesen, wenn Mose zu Pharao gekommen wäre und dann, nachdem er sagte: „Lass mein Volk ziehen!" Pharao einfach gesagt hätte: „Sicher, Mose! Weißt du, wenn ich darüber nachdenke, war es nicht so nett von mir, dein Volk zu versklaven und sie so schlecht zu behandeln. Natürlich werde ich sie ziehen lassen!"

Ja, das wäre wirklich wunderbar, wenn die Welt so funktionieren würde. Doch auch hier erzählt uns die Tora mehr darüber, wie die Welt ist, als darüber, wie sie sein sollte. In der realen Welt – von Pharao bis Hitler, den Funktionären der Apartheid und der Rassentrennung in den USA – geben Tyrannen ihre Macht nicht kampflos auf.

Um die Exodus-Erzählung zu verstehen, müssen wir sie als Krieg sehen, als Boxkampf, wenn man so will, zwischen zwei Göttern. In einer Ecke der ägyptische Gott

Pharao. Pharao ist wie jeder heidnische Gott. Man dient ihm, indem man ihn mit Monumenten, Pyramiden, Sphinxen und Garnisonsstädten verherrlicht. Wenn Sklaven gebraucht werden, um all das zu bauen, dann ist es so. Wenn es nötig ist, diese Sklaven zu schlagen, um sie zur Arbeit zu treiben oder auch gelegentlich ein oder zwei zur Einschüchterung der anderen zu töten, dann ist das auch gut. Und wenn Überbevölkerung zum Problem wird, wie im ersten Kapitel des Buches Exodus, schmeißt man einfach ihre neugeborenen Söhne ins Wasser.

In der anderen Ecke haben wir den einen wahren Gott der Hebräischen Bibel, der uns nach Gottes Bild erschuf. Gottes höchstes Ziel ist es, dass wir eine gerechte, fürsorgliche und mitfühlende Gesellschaft schaffen. Gott will, dass wir einander mit Respekt und Würde behandeln. Gott will, dass wir nicht stehlen, betrügen oder lügen. Gott sorgt sich besonders um die Machtlosen der Gesellschaft, die Witwen, die Waisen, die Außenseiter, die Misshandelten und die Verarmten.

Die von Pharao und Gott repräsentierten gegensätzlichen Wertesysteme können nicht friedlich koexistieren. Stell dir die Szene aus unzähligen Western-Filmen vor, in denen der Sheriff zu dem Bösewicht sagt: „Diese Stadt ist nicht groß genug für uns beide!", und es folgt der Showdown. Nun, Exodus ist der Showdown zwischen Gott und Pharao. Und weil es unsere Geschichte ist, gewinnt unser Gott, indem er uns von der Sklaverei erlöst und uns zum Berg Sinai bringt. Dort erneuert und erweitert Gott mit dem ganzen Volk das Bündnis, das er einst nur mit Abraham und seiner Familie schloss.

Weil Gott so dramatisch in die Geschichte eingegriffen hat, schulden wir Gott eine Schuld, die wir nie ganz begleichen können. Stell dir für einen Moment vor, du passt auf ein kleines Kind auf. Etwas lenkt dich ab, und im Bruchteil einer Sekunde ist dein Kind mitten auf die Straße gelaufen. Du guckst hoch und siehst einen Laster auf dein Kind zusteuern. Mit Schrecken wird dir klar, dass du nichts tun kannst, um es zu retten. Im letzten Moment stürzt eine Frau auf die Straße, ergreift das Kind und bringt es in Sicherheit. Diese Rettungstat ist der Frau unmöglich angemessen zu vergelten.

Auf die gleiche Weise rettete Gott uns. Unser Leben war ohne Hoffnung. Wir lebten in Schufterei und Unterdrückung. Wir wussten nie, wann wir geschlagen oder getötet würden. Das Leben hatte weder Sinn noch Ziel. Plötzlich erlöste uns Gott. Das ist der Grund, dass wir frei wählen können, wie wir unseren Lebensunterhalt erarbeiten, wie wir unsere freie Zeit verbringen, wie oder ob wir beten. Kurzum, wir glauben, dass wir für immer in Gottes Schuld stehen.

Und doch versuchen wir, etwas zurück zu geben. Wir versuchen es durch Freundlichkeit, Fürsorge und Mitgefühl. Wir versuchen, in der Gesellschaft Gerechtigkeit und Rechtschaffenheit zu etablieren.

Ja, es wäre schön gewesen, wenn Gott einfach Pharaos Herz erweicht hätte. Aber so ist das Leben nicht. Darüber hinaus würden die lebenswichtigen Lektionen der Exodus-Geschichte und der moralische Imperativ, den sie uns auferlegt, nicht so klar, dramatisch und lehrreich illustriert.

„Pharaos Herz hart machen" ist nicht in dem Sinne wörtlich zu verstehen, dass Gott Pharaos schlechte Taten bewirkt. Es meint, dass Pharao – wie wir alle – einen freien Willen hat. Aus der menschlichen Binnenperspektive heißt das:

Je mehr jemand sich von der Stimme seines Gewissens – von der ich glaube, dass es Gottes Stimme ist – abwendet, desto leichter ist es, dieser Stimme zu widerstehen.

In „Studies in Shemot", vergleicht Nehama Leibowitz die hemmungslosen bösen Taten Pharaos mit denen des Macbeth von William Shakespeare. Anfangs sträubt Macbeth sich, Verbrechen zu begehen. Er fürchtet sich, Hand an den König Duncan zu legen. Mit jedem weiteren Mord aber übt die Stimme seines Gewissens weniger Kontrolle über seine verräterischen Impulse aus.

Als Lady Macbeth, die ihren zögerlichen Ehemann zunächst angestachelt hatte, den König zu töten, im dritten Akt ihre Sorge über Macbeth`s rücksichtslose Terrorherrschaft äußert, antwortet Macbeth: „Thinks bad begun make strong themselves by ill." – „Dinge, böse begonnen, gewinnen ihre Stärke durch Schlechtes."[1] Mit anderen Worten: Das Böse hat ein Eigenleben entwickelt. Macbeth hat sich nicht mehr länger unter Kontrolle. So war es auch bei dem Pharao.

Laut der rabbinischen Literatur sind der Glaube an Gott und das Studium der Tora unsere Verbündete im Kampf gegen böse Neigungen. Rabbi Simon ben Levi sagte (B. Kiddushin 30 b): „Die Neigungen einer Person zum Bösen werden von Tag zu Tag stärker. Sie versuchen sie zu töten. Wenn Gott nicht helfen würde, könnte die Person sie nicht besiegen."

Hier lehrt der Talmud, dass eine Person Gottes Hilfe einwerben muss, um die Neigung zum Bösen zu bekämpfen. Gott wird uns solange nicht helfen, bis wir es selbst

---

1   Dritter Akt, 2. Szene, Zeile 55 aus William Shakespeare: Macbeth. Übersetzt und herausgegeben von Barbara Rojahn-Deyk, Stuttgart 2014, S. 99.

ernsthaft versuchen. Rabbi Akiba (2. Jh. n. Chr.) deutet Shakespeares Einsicht in Macbeth bereits an, wenn er die Neigung zum Bösen so beschreibt (Genesis Rabbah 22,6): „Anfangs ist sie wie Spinnweben, am Ende ist sie wie ein Schiffstau." Mit anderen Worten, wenn wir beharrlich Böses tun oder wenn wir Gottes Willen ignorieren, gewinnt das Böse so sehr an Stärke, dass wir es nicht mehr kontrollieren können.

Es war nicht Gott, der Pharaos Herz verhärtete. Gott hat Pharao erlaubt, den eingeschlagenen Weg zu folgen. Gott erlaubt es uns allen. Obwohl die meisten von uns gelegentlich wünschten, Gott würde eingreifen und Menschen ändern, würde das uns alle des freien Willens berauben, der dem Leben Sinn gibt.

Mit Hinweis auf Exodus werde ich oft gefragt: „Warum hat Gott uns aus Ägypten befreit, aber nicht vom Holocaust?" So unterschiedlich sind die beiden Ereignisse nicht. In keinem von beiden hat Gott den Tyrannen umgehend aufgehalten. Die Sklaverei in Ägypten währte einen Gutteil der vierhundertdreißig Jahre, die wir dort lebten. Im Gegensatz dazu dauerte der Holocaust zwölf Jahre.

Heutzutage gibt es eine heftige wissenschaftliche Debatte darüber, ob die im Buch Exodus beschriebenen Ereignisse tatsächlich stattfanden. In ägyptischen Quellen werden keine hebräischen Sklaven erwähnt, auch sonst belegt nichts den Bericht in Exodus. Ich bin mehr als gewillt, diese Diskussion denen zu überlassen, die ihr Leben der Erforschung dieser Fragen widmen. Für mich ist die Frage, ob die in der Bibel beschriebenen Ereignisse tatsächlich stattfanden, nicht entscheidend. Von lebenswichtiger Bedeutung ist für mich, was die Erzählung lehrt. Der Exodus lehrt mich, dass ich, in Erstattung all dessen, was Gott für mich getan hat, mein Leben damit verbringen will, Gottes Hoffnungen und Ziele zu verwirklichen. All zu oft verfehle ich sie. Gott bleibt ein Geheimnis. Wie auch immer, trotz der vielen offenen Fragen, inspiriert mich der Text zu dem Glauben, dass wir nach Gottes Willen unsere Begabungen nutzen sollen, um die Welt zu einem besseren Ort zu machen.

Das Meer zu durchqueren erfordert Balance!

In Exodus 14,10–15 sehen die Kinder Israels die Ägypter auf sich zukommen, als sie am Ufer des Schilfmeer stehen. Das Volk gerät in Panik und macht Mose für die Notlage verantwortlich, indem sie ihn beschuldigen: „Gibt es in Ägypten nicht genug Gräber, dass du uns zum Sterben in die Wildnis bringen musstest? Was haben wir getan, dass du uns aus Ägypten herausgeholt hast?" Mose antwortet, dass sie keine Angst haben sollten. Gott wird sie beschützen. In diesem Moment spricht Gott zu Mose: „Warum schreist du zu mir? Sag den Israeliten, dass sie vorwärts gehen sollen."

Die Rabbiner verstanden Moses Antwort an die Kinder Israels als Gebet. Gott antwortet, dass es Zeiten für Gebet gibt und Zeiten zu handeln. Jetzt war die Zeit zu handeln. In den Worten des Midrasch sagt Gott zu Mose (Exodus 14,15; Shemot Rabbah 21,8): „Es gibt Zeiten, Gebete kurz zu halten, es gibt Zeiten sie auszudehnen. Meine Kinder sind in furchtbarer Verzweiflung. Das Meer hat sie eingeschlossen und der Feind verfolgt sie. Also, wie kannst du da stehen und Gebete wiederholen?! Sag den Kindern Israels vorwärts zu gehen."

In der rabbinischen Literatur gibt es widersprüchliche Traditionen dazu, wie die Israeliten auf Moses Befehl, vorwärts zu gehen, reagiert haben. Die Rabbinen hatten nie das Bedürfnis, diese Widersprüche aufzulösen. Sie dachten, ein Text können viele Bedeutungen haben und viele Lektionen lehren. Eine Interpretation ist, dass alle miteinander stritten, wer die Ehre haben sollte, zuerst ins Wasser zu gehen. Nach langer Debatte setzte sich der

Stamm Benjamin durch und ging vor den anderen Stämmen in das Wasser. Nach dieser Tradition, belohnt Gott sie, indem der Tempel auf ihrem Gebiet gebaut wurde (B. Sotah 36 b–37 a). Außerdem erklärt die Geschichte, warum jemand aus dem Stamm Benjamin, Saul, ausgewählt wurde, der erste König Israels zu werden.

Eine bekanntere, zur ersten im Gegensatz stehende Tradition ist ebenfalls eine ätiologische Erzählung. Sie erklärt, warum der Stamm Juda dominant wurde und letztlich als einziger überlebte. Sie hilft uns einmal mehr zu verstehen, warum wir den Namen „Juden" gewählt haben. Im Text ist zu lesen (B. Sotah 37 a): Jeder Stamm weigerte sich, als erster in das Meer zu gehen. Dann sprang Nachschon ben Amminadab (Oberhaupt des Stammes Juda) auf und ging als erster ins Wasser hinab.

Eine dritte Auffassung und die Interpretation, die ich favorisiere (Schemot Rabbah 21,10), behauptet, dass Gott das Meer nicht eher teilte, als dass Israel als Ganzes seinen Glauben in Gottes Macht bewies. Der Midrasch erklärt, dass das Meer erst geteilt wurde, als die Israeliten hineingegangen waren und ihnen das Wasser bis an die Nasen reichte. Erst da wurde es zum trockenen Land.

Die Rabbinen lehren hier eine wichtige spirituelle Einsicht. Die Befreiung aus Ägypten wurde nicht nur durch Gottes Willen und Gottes Wundertaten erreicht. Unsere Erlösung war eine komplementäre Partnerschaft, die nicht nur Gottes Kraft erforderte, sondern ebenso Israels Vertrauen.

In der biblischen Perspektive hat Gott einfach das Meer geteilt. In der Perspektive des rabbinischen Midrasch demonstrierten die Israeliten, dass sie der Erlösung würdig waren, in dem sie in das mannshohe Wasser wateten, bevor sich das Meer teilte.

Die jüdische Tradition bezweifelt die Berechtigung der Tat Gottes, die ägyptischen Verfolger zu ertränken, nicht. Doch freut uns, während wir unsere Freiheit bejubeln, die Vernichtung unseres Feindes nicht. Der Talmud stellt fest: Als die ägyptische Armee im Meer ertrank, brachen die Dienstengel in Freuden-Gesänge aus. Gott brachte sie zum Schweigen und sagte (B. Sanhedrin 39 b): „Das Werk meiner Hände ist im Meer ertrunken. Wie könnt ihr vor mir lobsingen?"

Beim Essen am Seder-Abend, mit dem der Exodus gefeiert wird, entnehmen die Teilnehmenden jedes Mal, wenn von einer der zehn Plagen über die Ägypter berichtet wird, einen Tropfen Wein aus dem Weinglas. Im Judentum ist der Wein ein Symbol der Freude. Indem wir dem Glas Wein entnehmen, verringern wir die Freude in Anerkennung des Leides unserer Feinde.

Eine bedeutende Person in der modernen jüdischen Geschichte äußerte das selbe Empfinden. Unvorbereitet wurde Israels Armee an Jom Kippur 1973 mit der ägyptischen Invasion konfrontiert. Obwohl Israel die militärische Herausforderung zu meistern vermochte, wurde im jüdischen Staat nicht gefeiert. Stattdessen herrschte ein unterschwelliges Gefühl der Trauer über die Opfer auf beiden Seiten. In den Nachwirkungen des Sieges Israels sagte die Premierministerin Golda Meir in einer Weise, die an die Aussage im Talmud erinnert: „Weist du, die größte Sünde der Araber ist nicht, dass sie gegen uns Krieg führten und unsere Söhne töteten. Das können wir vergeben. Ihre größte Sünde ist, dass sie uns dazu brachten zu töten."[1]

---

1   Margaret Davidson: The Golda Meir Story, New York 1981, S. 206.

83

Jethro zu Besuch
Managementgrundkurs

Nachdem wir das Rote Meer durchquert hatten, kamen wir schließlich am Sinai an, und Moses Schwiegervater Jethro erstattete den Israeliten einen Besuch. (Ich sage absichtlich „wir". Die midrachische Tradition besteht darauf, dass alle ungeborenen Generationen des jüdischen Volkes irgendwie präsent waren, als die Kinder Israel am Berg Sinai standen, um die Tora zu empfangen.) Als Jethro sah, dass Mose von morgens früh bis spät in die Nacht damit beschäftigt war, über die Streitigkeiten im Volk zu richten, nahm er ihn beiseite und sagte sinngemäß (Exodus 18): „Mit dieser Menge an Arbeit wirst du sehr schnell ausbrennen. Du versuchst viel zu viel zu tun. Du musst lernen zu delegieren. Teile das Volk ein und schaffe eine Struktur sich steigernder Autorität. Lass nur die aller wichtigsten Angelegenheiten vor dich persönlich kommen. Wenn du das tust, dann wirst du in der Lage sein, das Volk auf seiner Reise erfolgreich zu leiten."

Jethro könnte heute diese Worte problemlos an viele von uns richten. Mit unserer technisch entwickelten Welt sind wir – wenn wir es nicht anders entscheiden – sieben Tage die Woche und vierundzwanzig Stunden am Tag an unsere Arbeit gebunden. Wir machen vieles gleichzeitig, hasten von Ort zu Ort und von Besprechung zu Besprechung. Wir riskieren den Burnout, genau wie ihn Mose ohne Jethros Rat vor mehr als 3000 Jahren in der Wüste erlitten hätte.

Jethros Besuch erinnert uns daran, wie aktuell Lehren aus der Bibel für unsere heutige Welt sind. Alle von uns, die versuchen zu viel in zu kurzer Zeit zu tun, sollten seinen

Rat beherzigen. Wir müssen Prioritäten setzen und Verantwortung delegieren. Indem wir das tun, werden wir unserer Verantwortung, in welcher Position auch immer wir sie zu erfüllen haben, besser gerecht und verbessern uns als Erschaffene in Gottes Bild.

Ich möchte das an einem persönlichen Beispiel erläutern: Ich habe das Gefühl, dass ich als Rabbi ein guter Lehrer, Seelsorger, Autor und Prediger bin. Aber meine administrativen Fähigkeiten sind unglücklicher Weise nicht gut. Deshalb war ich für die organisatorischen Belange des Gemeindelebens der Synagoge auf die Hilfe anderer angewiesen und suchte sie auch. Das Ergebnis war eine besser funktionierende Synagoge, was den Wünschen Gottes weit näher kommt, als wenn ich versucht hätte, alles selbst zu tun. Wir sollten uns daran erinnern, dass wir hier sind, unsere Talente zu nutzen – und zwar nicht um Erfolge aufzulisten, sondern um diese Welt zu einem besseren Ort zu machen.

Der Höhepunkt
Wir stehen am Sinai!

Endlich kommt der Moment, zu dem die ganze Tora strebt: Die Offenbarung der Tora Gottes am Sinai.[1] Unsere Weisen sahen dieses Ereignis als in der Geschichte so einzigartig an, dass die Welt lautlos still steht. In den Worten des Midrasch wird dies so beschrieben (Schemot Rabbah 29,9): „Als Gott die Tora gab, zwitscherte kein Vogel, was fliegen kann, flog nicht, kein Ochse schnaubte ... das Meer toste nicht. Die Welt verfiel in ein atemloses Schweigen und die göttliche Stimme ging aus und verkündete (Exodus 20,2): ‚Ich bin der Herr, euer Gott, der euch aus Ägypten herausholte, aus dem Haus der Sklaverei‘."

Was macht dieses Augenblick so einzigartig? Für alle folgenden Generationen der Juden symbolisiert der Augenblick der Offenbarung der Tora am Berg Sinai unsere Bündnis-Verpflichtungen. Jetzt wird aus dem Bündnis, das Gott zunächst mit Abraham allein eingegangen ist, Privileg und heilige Verantwortung aller Juden – der Vergangenheit, Gegenwart und Zukunft.

Es sollte niemanden überraschen, dass unsere schöpferischen Weisen eine ganze Reihe gedankenanregender Midraschim produzierten. Jeder ist lehrreich.

Nach einem Midrasch, bot Gott allen Völkern der Welt die Tora an. Aber als sie hörten, was sie beinhaltet (Betrüge nicht! Stehle nicht! Behandle den Fremden, die Witwe, die Waise und die Armen mit besonderer Würde und Respekt!), haben sie sie ganz schnell zurückgewiesen. Nach

---

1 Anm. der Herausgeberin: Die verschiedenen Bedeutungen von „Tora" werden in der Einleitung.erläutert.

einem anderen Midrasch (B. Schabbat 88 a und B. Avodah Zarah 2 b), den ich gerne den „GottVater"-Midrasch nenne, macht Gott ein Angebot, dass die Kinder Israel nicht ablehnen können. Gott hebt den Berg Sinai hoch und hält ihn über den Köpfen der versammelten Kinder Israels. Dann sagt Gott: „Entweder ihr akzeptiert meine Tora und versprecht sie zu halten, oder ich lass den Berg auf euch fallen!"

Die entscheidende Lehre dieses Midrasch' ist es, dass es unsere einzige Aufgabe als Volk ist, für die Welt Lehrer und Beispiele für die Ideale der Tora zu sein. Tatsächlich werden wir, wenn wir diese Ideale einhalten, nach den Worten des Propheten Jesaja „ein Licht für die Völker" (Jesaja 49,6), ein würdiges Vorbild für alle. Wenn wir, wie auch immer, nicht gewillt sind, die Verantwortung der Befolgung der Tora zu akzeptieren, gibt es keinen guten Grund, warum wir weiterhin existieren sollten.

Diese Lektion des Midrasch' ist heute so wahr wie damals, als sie geschrieben wurde. Wir erwarten nicht, dass alle Menschen jüdisch werden, aber wir haben unsere besonderen Wege, die viel beigetragen haben, die Weltzivilisation zu verbessern. Es ist unsere heilige Pflicht, die Lehren der Tora zu studieren, zu lernen, zu lehren und zu praktizieren und schließlich an kommende Generationen weiterzugeben.

Ein Midrasch erklärt sogar, dass für Gott Israels Bereitschaft, die Tora zu akzeptieren, von allerhöchster Bedeutung war (B. Schabbat 88 a): Gott drohte, sein nach der Flut gegebenes Versprechen, nie wieder die Welt zu zerstören, zu brechen, es sei denn Israel nimmt die Tora und ihre Ideale an.

Wie wichtig es ist, die Tora an die nächsten Generationen weiterzugeben, findet seinen besonderen Ausdruck in noch einem weiteren Midrasch (Schir Ha Schirim Rabbah 1,4; Midrasch 1). Hier ist die Frage nicht, „Sind wir gewillt die Tora zu akzeptieren?", sondern vielmehr, „Wie zeigen wir Gott, dass wir würdig sind die Tora zu empfangen?" Als Gott uns aufforderte Beweise vorzulegen, dass wir sie wert sind, boten wir die Taten unserer Patriarchen (Abraham, Isaak und Jakob) und die Taten der Propheten an. Aber Gott fand nichts davon akzeptabel. Erst als wir die Loyalität unserer Kinder gegenüber Gottes Unterweisung versprachen, offenbarte Gott unserem Volk die Tora.

Ja, sogar bei einem so entscheidenden Thema wie den Ereignissen am Sinai hatten unsere Weisen widersprechende Ideen, nämlich dass,

... Gott die Tora, bevor er sie Israel anbot, anderen Völkern angeboten hatte, aber keines sie wollte.

... Gott drohte Israel zu vernichten, wenn wir sie nicht akzeptieren.

... Gott sogar die ganze Welt zerstören wollte, wenn wir die Tora nicht akzeptierten.

... Gott uns nicht mit der Tora betrauen wollte, bevor wir ihm versprachen, sie unseren Kindern und kommenden Generationen weiter zu geben.

Wer darüber nachdenkt, ist natürlich frei, einige der Interpretationen zu akzeptieren oder auch keine. Die rabbinische Methode der Interpretation ermutigt zu kreativem Denken. Selten gab es nur eine akzeptierte Sichtweise zu einer Frage. Zwar nahmen die Weisen ihre Schrift ernst, doch sahen sie es als notwendig an, sie zu interpretieren, und nie gab es die Verpflichtung, ihre Konflikte zu lösen.

Durch die Jahrtausende drängte die Geschichte dem jüdischen Leben Veränderungen auf. Aber der Platz der Tora im Herzen und in der Seele unserer religiösen Suche änderte sich nie. Die Beständigkeit der Tora war niemals wichtiger als während der Zerstörung des Zweiten Tempels durch die Römer im Jahr 70 n. Chr. Solange er stand, war der Tempel das physikalische und emotionale Herz des jüdischen Volkes. Es war wortwörtlich Gottes Zuhause. Eine Priester-Dynastie, von der unsere Ahnen glaubten, dass Gott sie dazu bestimmt hatte, betrieb den Tempel. Es war der einzige Ort, an dem die Priester Tieropfer darbrachten, über die sie Gott die Hoffnungen, Träume, Beschwerden und Bitten des Volkes übermittelten.

Nach aller Logik hätte das Judentum nach der Zerstörung des Tempels durch die Römer 70 n. Chr. verschwinden müssen. Mit der Zerstörung des Tempels existierten die drei wichtigsten Säulen jüdischen Lebens nicht mehr: Das erbliche Priestertum, Tieropfer und der Tempel in Jerusalem als Haus Gottes. Glücklicherweise retteten die Pharisäer und ihre Nachfolger das Judentum, indem sie neue Grundlagen schufen: Das Studium der Tora und ihrer Lehren, formale Gebete und Taten der Freundlichkeit und des Mitgefühls waren die neuen Mittel, Gott unsre Loyalität und unserem heiligen Bündnis die Treue zu beweisen.

Die Tradition praktizierende Juden beten regelmäßig für die Wiedererrichtung des Tempels. Ich tue das nicht. Ich bevorzuge vielmehr, wie es viele tun, eine Religion, die auf Studium, Gebet und Tun des Guten beruht, um meine Solidarität mit Gottes Prinzipien zu zeigen.

Der Tiefpunkt
Das Goldene Kalb

Kaum hatte Israel seine Treue zu Gott und Gottes Bündnis bekundet, wurden sie rückfällig. Mose war vierzig Tage und Nächte lang weg. In dieser Zeit bekamen die Israeliten Angst. Noch waren sie der Sklavenmentalität verhaftet. Ohne einen sichtbaren Anführer gerieten sie aus der Fassung. Sie wendeten sich an Aaron und forderten (Exodus 32,1): „Gib uns einen Gott, den wir sehen können, denn wir wissen nicht, was aus Mose geworden ist."

Aaron äußerte zu seiner Schande nicht einen Anflug von Protest. Er befahl dem Volk, ihm ihre Juwelen zu bringen und machte ein Götzenbild, ein goldenes Kalb, damit sie es anbeten könnten.

„Warum", wurde ich oft gefragt, "wurde Aaron nicht für seine Mittäterschaft in der Abgötterei des Volkes bestraft?" Aus historischer Sicht ist die Antwort einfach: Aarons Nachfahren hatten zu der Zeit, als die Tora ihre heutige Form annahm, die Kontrolle über das Leben der Israeliten. Seine Nachkommen gaben uns die Tora, wie wir sie heute haben.

Die logische Anschlussfrage ist: „Warum wird die Geschichte überhaupt berichtet? Wenn Aarons Nachfahren die Macht inne hatten, warum nehmen sie etwas in die biblische Geschichten auf, das so negativ vom ersten Hohen Priester Israels berichtet?" Die Antwort ist, dass die Erinnerung an das Goldene Kalb zu lebendig war, um sie auszumerzen. Es wäre etwa so, als würde man die Ermordung von Präsident John F. Kennedy aus den Geschichtsbüchern der Vereinigten Staaten herausschneiden.

Also taten die priesterlichen Redakteure der Tora das nächst Beste mit der Episode vom Goldenen Kalb. Sie beerdigten sie. Sie platzierten sie nicht an ihren logischen Ort gleich nach den Zehn Weisungen und den folgenden Gesetzen. Die, die die letzte Version des Buches Exodus herausgaben, versteckten den Zwischenfall mit dem Goldenen Kalb in der Mitte von zwei langen, für manche langweiligen Aufzählungen der komplizierten Details des Baus des Wüsten-Tempels.

Die Tora berichtet: Gott weist Mose an, schnell von Berg zu steigen, weil die Kinder Israels Amok laufen. Sie haben Gottes Wünsche hinter sich gelassen und sich zum Bau eines Kalbes als Götzen zum Anbeten entschlossen. Gott droht, das ganze Volk zu vernichten, aber Mose hält Gott zurück und fragt: „Was werden die Ägypter davon halten? Die Ägypter werden denken, dass du das Volk vernichtet hast, weil du nicht mächtig genug bist, sie in das Verheißene Land zubringen." Nun wird es Gott nicht ansatzweise interessiert haben, was die Ägypter denken. Aber der springende Punkt ist, dass Gott und Mose Partner waren. So beherzigt Gott Moses Flehen, dem Volk ihre große Sünde zu vergeben.

Dann verliert aber Mose selbst die Fassung. Als er sieht, wie das Volk vor dem Kalb eine Orgie feiert, wird er so wütend, dass er die Tafeln des Bundes auf den Boden schleudert und sie zerschmettert. Gott beruhigt sich schließlich, und auch Mose beruhigt sich. Als es Zeit war, den Zwischenfall hinter sich zu lassen, scheint es, als würde Gott Mose heftig kritisieren, dass er die Tafeln zerbrochen hat (Exodus 34,1): „Haue zwei Steintafeln zurecht, so wie die ersten waren", befiehlt Gott. Die Schlussfolgerung daraus ist, dass Mose zwar das Recht hatte, wütend zu sein, nicht aber die Tafeln zu zerschlagen. Dieses mal muss Mose sie selbst zurecht hauen, anstatt, dass Gott, wie der Text auch verstanden werden kann, sie wie beim ersten Mal bereit stellt. Wir lernen daraus, dass wir sehr viel vorsichtiger mit etwas umgehen, in dessen Herstellung wir selbst Zeit und Kraft investiert haben.

In einem wunderbaren Midrasch führen die Rabbinen diese Geschichte und ihre Lehre noch einen Schritt weiter. Rabbi Judah bar Ilai lehrte (Palästinensischer Talmud, Shekalim 1,1): Zwei Bundesladen reisten mit Israel durch die Wildnis, eine in der die Tora aufbewahrt wurde, eine andere, in der die von Mose zerbrochenen Tafeln aufbewahrt wurden ... .

Wow! Der Midrasch lehrt uns, dass wir mindestens so viel aus unseren Fehlern lernen können wie aus unseren Erfolgen. Wir machen alle Fehler – auch schwere Fehler. Aber wenn wir unsere Fehler in Lehrstücke verwandeln, statt ihnen zu erlauben, unseren Lebenssinn oder Selbstwert zu zerstören, können wir von ihnen profitieren.

Die Geschichte vom Goldenen Kalb ist eine entschiedene Warnung an uns alle, materielle Dinge nicht übermäßig wertzuschätzen. Eines meiner liebsten Gebete ist: „Hilf mir, o Gott, zu unterscheiden zwischen dem, was real und dauerhaft ist, und dem, was flüchtig und eingebildet ist."

Ray Stevens[1] konkretisiert dieses Gebet für uns passend in einem ehemals populären Lied:

„Itemize the things you covet as you squander through your life – bigger cars, bigger houses, term insurance for your wife! ...

---

1 US-amerkanischer Sänger, geb. 1939. Feierte zwischen 1970 und 1990 große Erfolge auch in Europa.

Did you see your children growing up today?
Did you hear the music of their laughter as they set about to play?
Did you catch the fragrance of those roses in your garden?
Did the morning sunlight warm your soul, brighten up your day?
Spending counterfeit incentive, wasting precious time and health, placing value on the worthless disregarding priceless wealth."[2]

„Liste die Dinge auf, die du begehrst, während du dein Leben verschwendest: Größere Autos, größere Häuser, Versicherung für deine Frau!
Hast du heute deine Kinder aufwachsen sehen?
Hast du die Musik ihres Lachens gehört, als sie spielten?
Hast du den Duft der Rosen in deinem Garten wahrgenommen?
Hat die Morgensonne deine Seele erwärmt und deinen Tag erhellt?
Du fällst auf gefälschte Anreize herein, verschwendest wertvolle Zeit und Gesundheit. Dem Wertlosen verleihst du Wert, aber unbezahlbaren Reichtum verachtest du."

Die Quintessenz: Gott holte uns aus Ägypten, nicht um einfach nur von Pharaos Unterdrückung befreit zu sein, sondern damit wir frei sind, zum Sinai zu reisen und Verantwortung zu übernehmen für das Bündnis, das Gott mit Abraham geschlossen hat. Verantwortung übernehmen bedeutet, dass wir unsere Begabungen nutzen, um eine gerechte, fürsorgliche und mitfühlende Gesellschaft zu

---

2 Liedtext von Ray Stevens, „Mr. Businessman", 1968.

schaffen. Es ist leicht, in der Mühe, den Lebensunterhalt zu erarbeiten, diese Werte aus dem Blick zu verlieren. In der Freizeit rasen wir umher, um größere, bessere und glänzendere materielle Güter aufzuhäufen. Ja, das Goldene Kalb ist lebendig und munter. Es lebt in unseren Städten. Wenn wir es zulassen, wird das Turbo getriebene Goldene Kalb unserer Tage auch bei uns die Herrschaft über Herz und Verstand übernehmen.

Die Geschichte vom Goldenen Kalb zeigt grundlegend den Mittelweg des Verständnisses der Bibel auf. Wer weiß, ob es jemals das Goldene Kalb gab und ob Gott wütend war über seine Anbetung. Einerseits nehme ich die Geschichte nicht wörtlich, denn die Wahrheit der Bibel ist nicht wortwörtliche Wahrheit. Andererseits verwerfe ich sie nicht einfach als altes Märchen. Die Wahrheit der Erzählung ist in ihrer Botschaft, eine Botschaft, die unser Leben verändern kann, wenn wir sie zu Herzen nehmen.

Die Spione
Mose stoppt Gott erneut

Dass Mose Gottes Ärger aufhält, wenn Gott droht, die Kinder Israel zu vernichten, wird in einer anderen berühmten Geschichte wiederholt. Im zweiten Jahr ihrer Reise, weist Gott Mose an, zwölf Kundschafter, von jedem der zwölf Stamme Israels einen, loszuschicken, um das Verheißene Land auszukundschaften (Numeri 13 ff.). Mose beauftragt sie mit einem detaillierten Bericht über das Land, das sie besiedeln und erobern wollen, zurück zu kommen. Die Spione kommen zurück und berichten kurz gefasst, dass es gute und schlechte Nachrichten gebe. Die gute Nachricht ist: Das Land ist wundervoll! Es ist reich und fruchtbar, es „fließen darin Milch und Honig" (Numeri 13,23). Als Beweis bringen sie eine Weintraube mit, so groß und saftig, dass zwei Männer die Stange tragen müssen, an der sie hängt (Numeri 14,33).

Zehn der zwölf Kundschafter aber bringen die schlechte Nachricht, dass das Land uneinnehmbar sei (Numeri 14,33): „Die Mensch sind Giganten, und wir müssen auf sie ‚wie Heuschrecken' wirken." Zwei der Kundschafter, Joschua und Kaleb, widersprechen und halten dagegen: „Gott hat uns das Land versprochen. Wir brauchen Vertrauen und Mut, unseren Teil zu tun Gottes Plan umzusetzen." Doch es gelingt nicht, die Schwarzseher zu überzeugen. Sie schimpfen über Mose, dass er sie aus Ägypten „gerettet" hat, nur um in der Wildnis zu sterben (Numeri 14,3–4): „Es wäre besser für uns, nach Ägypten zurück zu gehen. Lass uns nach Ägypten ziehen!"

Wieder ärgert sich Gott so sehr über den Mangel an Vertrauen, dass er das Volk vernichten will. Und wieder stellt sich Mose zwischen das Volk und Gottes Wut. Mose argumentiert wie beim Goldenen Kalb und sagt (Numeri 14,13–16): „Wenn die Ägypter, aus deren Mitte du dieses Volk in deiner Macht hierher gebracht hast, die Nachricht hören, werden sie es im Land bekannt machen ... Wenn du nun dieses Volk schlägst wie einen Mann, werden die Völker, zu denen dein Ruhm gedrungen ist, sagen: ‚Der Grund, warum der HERR sie in der Wüste erschlägt, wird sein, dass ER zu kraftlos ist, das Volk in das Land zu bringen, das er ihnen mit einem Eid versprochen hat‘.“

Moses Appell an Gottes Sorge um seine göttliche Reputation ist ein Beispiel biblischen Humors, das einige irreführt, Gott als eitel und selbstbezogen zu bezeichnen. Im Gegenteil! Gott ist völlig egal, was die Ägypter oder andere Völker denken. Die Intention ist, die heilige Partnerschaft zwischen Gott und Mose zu demonstrieren.

Die Momente, in denen Mose Gottes Zorn widersteht, sind Sternstunden. Obwohl Gott Mose verspricht, ihn mit einem neuen, besseren Volk zu ehren, will Mose das nicht. „Es ist dein Volk“, insistiert Mose, „das du aus Ägypten befreit hast. Du kannst sie nicht vernichten!“ Die entscheidende Botschaft ist die Art der Partnerschaft von Gott und Mose: Als Gott bereit war, sein Volk aufzugeben, bot Mose Ermutigung, Zukunftsvisionen und Hoffnung. Als Mose der Glaube ausging, stärkte Gott ihn.

Ich hoffe, dass das für uns genauso gilt! Wenn das Leben am schwierigsten ist, hören wir mit ein wenig Glück in uns eine Stimme – die ich Gott nenne –, die uns bedrängt, weiter zu machen, an uns zu glauben und daran, dass unser Leben Sinn hat. Und wenn Böses und Gewalt uns umgibt und es scheint, als wäre Gott nicht zu finden, müssen wir „... still sein und wissen ...“ (Psalm 46,1). Durch unsere Gott-ähnlichen Taten des Mitgefühls und Teilens inspirieren wir Gottes Mitgefühl, genauso wie Mose es tat.

Die Wasser von Meribah
Ist Gott unfair?

Nach annähernd vierzig Jahren, in denen Mose die Kinder Israel durch die Wüste geführt hat, ist er am Ende seiner Kräfte. Er ist eingeschnappt, als die Kinder Israel sich wieder beschweren, dieses Mal, dass sie kein Wasser haben. Gott weist Mose an, einen bestimmten Felsen anzusprechen, dann wird Wasser herausprudeln. Anstatt, dass er den Felsen anspricht, verliert Mose, der immer noch über den Tod seiner Schwester Miriam trauert, die Beherrschung und schreit (Numeri 20,10): „Hört zu, ihr Rebellen, werden wir wohl Wasser aus diesem Felsen herausholen?" Und dann knallte er seinen Stab drei Mal gegen den Felsen, bis Wasser hervorsprudelte.

Gott ist außer sich. Mose ließ es so aussehen, als wenn er, nicht Gott, den Felsen dazu gebracht hätte, Wasser hervor zu bringen. Wie auch immer, ob außer sich oder nicht – Gott fällt ein Urteil, das unangemessen hart erscheint (Numeri 20,12): „Weil du nicht genug Vertrauen hattest, mich zu heiligen vor den Augen der Kinder Israels, sollst du sie nicht in das Land führen, dass ich ihnen geben will."

Wow! Nach allem, was Mose getan hat, verurteilt Gott ihn, in der Wildnis zu sterben ohne jemals des Verheißene Land zu betreten. Wie kann Gott so gemein sein? Es ist, als bekäme jemand Lebenslang für ein relativ geringes Vergehen. Auch wenn wir zustimmen sollten, dass es ein schwerwiegendes Vergehen war (und ich würde dem zustimmen), erscheint die Strafe zu hart.

Letztlich verfehlt das Gerede gegen Gottes Übermaß aber den springenden Punkt. Moses Zeit war vorüber. Er war nicht mehr der Anführer, der er mal war. Er war zu alt, um die Militäroffensive anzuführen, die nötig war, um das Verheißene Land zu erobern. Sie erfordert einen jungen, energischen Anführer, dem das Volk ohne Zögern folgt. Das war Josua. Und wenn Mose noch dabei wäre, wenn Josua befehlen würde: „Angriff!", würden einige auf Mose blicken mit der Frage, ob „Angriff!" wirklich das wäre, was sie tun sollten.

Jeder von uns hat nur begrenzte Möglichkeiten, zu leiten und zu beeinflussen. Wenn unsere Zeit um ist, selbst wenn wir Mose sind, müssen wir abtreten und die Leitung abgeben. Die Frage, ob Gottes Strafe zu hart war, ist unwichtig. Mose hatte seine beste Zeit hinter sich, so wie es auch bei uns einmal so weit sein wird. Darum sollten wir aus den Möglichkeiten, die sich uns bieten, das Beste machen. Zu viele Menschen beklagen, was sie alles hätten tun können, als sie die Gelegenheit hatten. Die Zeit ist begrenzt. Darum müssen wir – wie Mose – tun, was wir können, solange wir können. Wenn die Zeit um ist, müssen wir – anders als Mose – bereit sein, die Macht abzugeben.

Was, wenn wir nicht an Gott glauben?

In Zentrum jüdischen Denkens steht die Annahme, dass Gott existiert. Ohne Frage, das Konzept eines einzigen guten, fürsorglichen Gottes, der will, dass wir unsere Talente nutzen, um die Welt zu einem besseren Lebensort zu machen, ist grundlegend für jüdisches Denken und Handeln. Und nun: Was ist mit denen, die nicht an einen solchen Gott glauben, oder überhaupt nicht an irgendeinen Gott glauben? Kann jüdisches Lernen sinnvoll und gewinnbringend für sie sein? Tatsächlich kann es dass, ohne jeden Zweifel.

In Noah Gordon's Roman „Der Rabbi" schreitet der junge Michael Kind ein, um Rabbi Max Gross vor einem Überfall auf New Yorks Straßen zu retten. Die Begegnung mit dem Rabbiner weckt in Michael Fragen nach seinem eigenen Glauben. Er kehrt zum Apartment des Rabbis zurück und fragt ihn nach Gott.

Der antwortet: „Was wollen Sie also wissen?"

„Woher nehmen Sie die Gewissheit, dass der Mensch Gott nicht nur erfunden hat, weil er Angst hatte – Angst vor der Dunkelheit, vor der scheußlichen Kälte, weil er irgendetwas gebraucht hat, was ihn schützt, sei es auch nur seine eigene dumme Einbildung? ... Wahrscheinlich bin ich Agnostiker geworden."

„Nein, nein", antwortet Rabbi Gross, „dann sagen Sie lieber, Sie sind ein Atheist. Denn wie kann ein Mensch je sicher sein, dass es Gott gibt? Nach Ihrer Definition wären wir alle Agnostiker. Glauben Sie denn, ich habe wissenschaftliche Beweise für die Existenz Gottes? Kann ich zurückgehen in der Zeit und hören, wie Gott zu Isaak spricht oder die Gebote gibt? Wenn das möglich wäre, dann gäbe es nur eine Religion auf Erden; wir wüssten genau, welche die richtige ist. Nun ist der Mensch aber so beschaffen, dass er Partei ergreifen muss. Ein Mensch muss sich entscheiden. Über Gott wissen wir nichts. – Sie nicht und ich nicht. Aber ich habe mich für Gott entschieden. Sie haben sich gegen Ihn entschieden." „Ich habe mich überhaupt nicht entschieden", sagte Michael eigensinnig. "Deshalb komme ich ja zu Ihnen. Ich möchte mit Ihnen studieren." Rabbi Gross strich mit der Hand über den Bücherstoß auf seinem Tisch. „Darin sind viele große Gedanken enthalten", sagte er. „Aber sie geben Ihnen keine Antwort auf Ihre Frage. Sie können Ihnen nicht helfen, Ihre Entscheidung zu finden. Zuerst müssen Sie sich entscheiden. Dann können wir studieren." „Gleichgültig, wie ich mich entscheide? Nehmen wir einmal an, ich entscheide mich dafür, Gott für ein Märchen zu halten, für eine bobemajse?" „Ganz gleichgültig, wie Sie sich entscheiden."

Draußen auf dem dunklen Korridor wandte sich Michael nochmals um und sah zurück nach der geschlossenen Tür der schul. Gottverdammter Kerl, dachte er. Dann lächelte er trotz allem über das Wort, das ihm in den Sinn gekommen war.[1]

Wie den jungen Michael gibt es viele, die nicht an Gott glauben. Viele glauben nicht an einen Gott, der uns richtet.

Die beiden höchsten Feiertage des Judentums, Rosch Haschanah und Jom Kippur, das jüdische Neujahr und

---

1   Noah Gordon: Der Rabbi. Aus dem Amerikanischen von Anna Gräfe, (e-book) München 2011.

der jüdische Tag der Buße, liegen zehn Tage auseinander. Diese zwei heiligen Tage und die Tage dazwischen sind eine Zeit der Selbstbefragung und des Nachdenkens über das eigene Leben und Handeln in vergangenen Jahr, eine Zeit der Reflexion und Reue.

Das eigentümlichste und für viele schwierigste Gebet in der Zeit der Hohen Feiertage ist das Unetaneh Tokef, das wir in den Morgengottesdiensten dieser Feiertage beten. Die Worte Unetaneh Tokef bedeuteten: „Lasst uns die Ungeheuerlichkeit dieses heiligen Tages wahrnehmen." Das Gebet lautet:

An Rosch HaSchanah wird aufgeschrieben, an Jom Kippur besiegelt: Wie viele vorbeiziehen werden und wie viele ins Leben kommen; wer leben soll und wer sterben soll; wer alt werden soll und wer nicht; wer durch Feuer sterben soll und wer durch Wasser; wer durch das Schwert und wer durch wilde Tiere; wer durch Hunger und wer durch Durst. Aber Buße, Gebet und Liebesgaben mildern des Gerichtes hartes Urteil.

Sicher glaube ich nicht – und ich kenne niemanden, der das glaubt –, dass die, die im vergangenen Jahr von uns gegangen sind, aufgrund mangelnder Buße, Gebete und Spenden gestorben sind. Niemand von uns weiß, wer im kommenden Jahr leben und wer sterben soll. Zu einem gut Teil ist es jenseits unserer Kontrolle, wie lange wir leben werden, doch wie wir leben, das ist unsere Sache.

Wir können die Tür des Nicht-Glaubens, die viele von uns trennt, öffnen. Wir können den Sinn und die Gebete erschließen mit einem einzigen hebräischen Wort: „k'eeloo", das heißt „als ob". Das ist ein simples Konzept. Was immer unser Glaube ist, wenn wir handeln können, „k'eeloo"

101

— „als ob" wir unter Gottes Überprüfung stünden, werden wir einen großen Sprung vorwärts machen.

Das Wort „Israel" ist im hebräischen „Yisrael", das heißt „Einer, der mit Gott kämpft". Es bedeutet nicht „einer der an Gott glaubt", und es bedeutet auch nicht „Einer, der immer mit Gott einverstanden ist". Die Hohen Feiertage laden uns zu ernsthaftem Kampf und zur Anstrengung ein. Das Unetaneh Tokef, ist eines der besten „Kampfmittel". Es hat die Kraft unser Leben zu verändern.

Einst, während des Russisch-Japanischen Krieges zu Beginn des 20. Jahrhunderts, beschreibt Samuel Y. Agnon in „Days of Awe", wie eine Gruppe jüdischer Soldaten durch alle Krankenhäuser ging und ein öffentliches Gebet für die hohen Feiertage ankündigte. „Es war ein furchtbarer Anblick. Viele von denen, die kamen, waren handlungsunfähig, trostlos und mager wie Skelette. Viele ... waren ohne Arme, lahm und blind. Sie lehnten an Krücken und hatten Wunden jeglicher Art ... Während des Unetaneh Tokef Gebetes hörte man im ganzen Gebetshaus kein Wort, nur tränenerstickte Stimmen erfüllten die Atmosphäre des kleinen Hauses. Des Kantors Stimme wurde lauter und lauter und sprühte Funken: Wer wird leben und wer wird sterben ... vor der Zeit. Das waren schreckliche und schlimme Momente."[2]

Wie viele dieser Männer waren Gläubige? Ich weiß es nicht. Aber die Realität des bevorstehenden Todes verlieh den Gebeten Dringlichkeit und Bedeutung.

Der Sinn des jüdischen hohen Feiertages Jom Kippur ist

---

2   Samuel Y. Agnon: The Days of Awe, New York 1965, 104–105. Samuel Agnon (1888–1970) ist einer der wichtigsten Hebräisch schreibenden Schriftsteller. Er erhielt 1966 den Nobelpreis für Literatur.

es, sich seinen unmittelbar bevorstehenden Tod vorzustellen. Am Jom Kippur enthalten Juden sich aller körperlicher Annehmlichkeiten. Wir stellen uns vor, dass wir gestorben wären, und sehen uns selbst zitternd vor dem Thron Gottes, der uns zur Verantwortung zieht für alle unsere Taten.

Auch, wenn wir nicht an Gott glauben, ist es nicht trotzdem gut für uns, die Fragen zu beantworten, die unsere Tradition Gott zuschreibt? Wie haben wir die uns zur Verfügung stehende Zeit genutzt? Haben wir unsere Fähigkeiten einfach nur genutzt, um für uns selbst zu sorgen, oder haben wir daran gearbeitet, aus der Welt einen besseren Ort zu machen? Was haben wir getan, was wir gerne ungeschehen machen würden?

Taten sind in der jüdischen Religion wichtiger als der Glaube. Das ist eine der entscheidenden Unterschiede zwischen jüdischem und klassisch-christlichem Denken. Der Jerusalemer Talmud schreibt Gott folgenden Ausspruch zu (Hagigah 1,7): „Sollte mein Volk mich auch verlassen, Hauptsache sie halten meine Gebote!"

Elie Wiesel war ein junger Journalist als er 1958 sein erstes Buch veröffentlichte: „La Nuit". Francois Mauriac beschreibt ihn: „Einst war er ein begabter Talmud-Schüler, ein Ilui, ein Genie. Er war ein Erwählter Gottes. Seit dem Erwachen seines Bewusstseins lebte der Knabe, genährt vom Talmud ..., dem Ewigen verschworen, nur für Gott."[3] Aber dann, im Holocaust, sah er „seine Mutter, sein angebetetes Schwesterchen und alle Seinigen mit Ausnahme seines Vaters in einem mit lebenden Geschöpfen geheiz-

---

3   Elie Wiesel: Die Nacht zu begraben Elischa. Mit einem Vorwort von Francois Mauriac, (deutsche Ausgabe) Berlin 1987, S. 13.

103

ten Ofen verschwinden".[4] Er sah den langsamen, qualvollen Tod seines Vaters an Unterkühlung, Erschöpfung und Ruhr nach einem erbarmungslosen Winter-Marsch von Gleiwitz nach Buchenwald. Eli Wiesel schreibt: „Nie werde ich die Augenblicke vergessen, die meinen Gott und meine Seele mordeten, und meine Träume, die das Antlitz der Wüste annahmen."[5]

Niemand, der „Die Nacht" gelesen hat, kann Wiesels Beschreibung der Szene vergessen, in der die Gestapo ein kleines Kind erhängte: „Mehr als eine halbe Stunde hing er so und kämpfte vor unseren Augen zwischen Leben und Sterben seinen Todeskampf. Und wir mussten ihm ins Gesicht sehen. Er lebte noch, als ich an ihm vorüberschritt. Seine Zunge war noch rot, seine Augen noch nicht erloschen. Hinter mir hörte ich denselben Mann fragen: ‚Wo ist Gott?' Und ich hörte eine Stimme in mir antworten: ‚Wo er ist? Dort — dort hängt er, am Galgen …'."[6]

Aus den Bruchstücken seines Lebens und seines Glaubens formte Elie Wiesel eine bemerkenswerte Karriere, mit der er unter die Großen der jüdischen Geschichte zu rechnen ist. Sie brachte ihm, neben anderen Ehren, 1986 den Friedensnobelpreis ein. Er mag aufgehört haben, an Gott zu glauben; aber er handelte als ob ein Gott der Liebe, Güte und Gerechtigkeit jede seiner Taten beobachtet und richtet.

Der Talmud lehrt uns, dass wir uns Jom Kippur nähern, indem wir uns unsere guten und bösen Taten als auf einer Waage in Balance denken (Kiddushin 40 b). Deshalb sol-

---

4   Ebd. S. 12.
5   Ebd. S. 36.
6   Ebd. S. 84.

len wir durch das Leben gehen, wach für die Möglichkeiten, gute Taten zu vollbringen, die die Waage zu unseren Gunsten ausschlagen lässt. Wer weiß, was der Effekt der nächsten Mitzwa sein wird?

Einst wurde ein Rabbi während der heiligsten Nacht des Jahres in der Synagoge vermisst. Die besorgten Ältesten suchten in der ganzen Stadt nach ihm. Schließlich fanden sie ihn in einem kleinen Haus in der Nachbarschaft der Synagoge. Er hielt ein Baby im Arm. „Was tust du hier?", fragten die verblüfften Ältesten den Rabbi. „Auf dem Weg zum Kol Nidre-Gottesdienst hörte ich ein Baby schreien. Als ich sah, dass niemand im Haus ist, hielt ich an, um es zu trösten", antwortete er. Für uns Juden ist, das was wir tun wichtiger, als das, was wir glauben oder wie wir beten. Ein schreiendes Kind zu trösten, ist heiliger, als das Heiligste der Gebete zu rezitieren.

So wie Rabbi Max Gross zu Michael Kind sagte: „Über Gott weist du nichts und ich weiß nichts, aber es ist in der Natur der Menschen, eine Entscheidung zu treffen." Meine persönliche Entscheidung votiert für Gott. Mein Glaube stärkt mich in schwierigen Zeiten; mein Glaube steigert die Freude am Leben. Für mich ist Glaube an Gott ein wertvolles Geschenk. Aber dieses Geschenk ist keines, das jeder bekommt oder haben will. Aber auch für die, die nicht glauben, hält der jüdische Feiertag Jom Kippur Hoffnung und Verheißung bereit. Auch wenn wir nicht an Gott glauben, können wir handeln, „k'eeloo" – „als ob" wir glaubten. Auch wenn wir nicht an Gott glauben, können wir handeln, als ob unser Schicksal vom Verdienst unserer Taten abhinge. Auch wenn wir nicht an Gott glauben, können wir Leben und Segen für uns selbst und andere wählen. Das ist die wirklich wichtige Entscheidung!

Schlusswort
Der Sinn der Reise

Ich hoffe, die Reise, die wir von der Schöpfung bis an das Verheißene Land unternommen haben, berührt jeder und jedem das Herz und beeinflusst unser Handeln in der Welt. Unsere Tradition lehrt, dass Gott jeden von uns nach seinem göttlichen Bild erschuf. Das bedeutet, dass jede und jeder von uns Begabungen und Fähigkeiten hat, die, wenn wir sie gewissenhaft einsetzen, die Welt verändern können.

Es ist klar, dass nicht jeder der Welt Frieden bringen kann, Krebs heilen, eine große Athletin, Schauspieler oder Wissenschaftlerin werden kann. Aber wir alle können etwas Positives tun, um etwas zu verändern: Armut, Obdachlosigkeit, Leid und die Zerstörung unserer Umwelt, ebenso wie Einsamkeit, Gewalt und Vernachlässigung sind noch nicht ausgestorben.

Unsere Reise veranlasst uns, Wege zu suchen und zu finden - wie unbedeutend auch immer - diese zerbrochene Welt zu einer besseren Welt zu machen. Die Tora, so wie wir ihr Verständnis dargelegt haben, lehrt, dass nicht Glück das Ziel ist, das wir uns im Leben setzen sollen. Vielmehr sollen Glück und Zufriedenheit Nebenprodukte eines Lebens mit Sinn und Aufgabe sein. Kurz gesagt: Gott ruft jeden und jede von uns auf verschiedene Weise. Aber es ist unsere Entscheidung, ob wir darauf hören und unsere Gaben nutzen, um eine gerechtere, fürsorglichere und mitfühlendere Gesellschaft zu formen.

Das ist Gottes Ziel mit uns seit der Zeit der Schöpfung.

Darstellung des Aufbruchs von Abraham und Sarah

Glasfenster aus der Synagoge Beth Israel,
West-Hartford, Connecticut, USA

Anhang
Jüdische Feste
von Ursula Sieg

Die jüdischen Feste sind fest in der Geschichte des Volkes Israel verankert: Pessach, Sukkot, Schawuot, Rosch haSchana und Jom Kippur und der wöchentliche Schabbat finden sich schon in der Tora und stehen mit ihr im Zentrum des Judentums. Weitere Feste und Gedenktage vergegenwärtigen jüngere Ereignisse, meist sind es Verfolgungssituationen. Konnte die Gefahr mit Gottes Hilfe abgewehrt werden, sind daraus Freudenfeste geworden (z. B. Purim, Chanukka), gelang das nicht, sind es Trauertage (z. B. Tischa b`Aw, Shoa-Gedenktag).

Ein Tag beginnt im Judentum mit dem Sonnenuntergang, da es im biblischen Schöpfungsbericht Genesis 1 heißt: „Da ward Abend und ward Morgen, ein Tag". Der Schabbat beginnt am Freitagabend. Die Feiertage am Abend vor dem angegebenen Datum.

Schabbat
Der Schabbat ist der wichtigste Feiertag. Er strukturiert den jüdischen Kalender. Die Schabbatfeier ist reich an Ritualen, die die Begrüßung des Sabbats am Freitagabend, die Mahlzeiten, den Gottesdienst am Morgen und die Verabschiedung begleiten. Der Schabbat ist der Ruhe, dem Gottesdienst und dem Tora-Studium sowie der Gemeinschaft gewidmet.

Rosch haSchana, 1. und 2. Tischri
Rosch haSchana bedeutet „Haupt des Jahres", Neujahr. Im Zentrum steht die Herrschaft Gottes von der Schöpfung bis zum Gericht. Jeder Mensch hat sich Gott gegenüber zu verantworten. So dient diese Festzeit der „inneren Inventur" und der Erneuerung ethischen Handelns: Im vorangehenden Monat Elul sind tägliche Gebete der Selbstprüfung gewidmet. In der

Taschlich-Zeremonie wird an einem fließenden Gewässer der Inhalt aus den Taschen der Kleidung ins Wasser geschüttelt, womit die Sünden symbolisch weggeworfen werden. Es werden Apfelstücke in Honig getaucht als Zeichen für das „süße Leben", das man sich und einander für das neue Jahr wünscht.

Jom Kippur, 10 Tischri

Im Mittelpunkt des „Großen Versöhnungstages" stehen Reue, Bitte um Vergebung und um Gottes Gnade. Die vierundzwanzig Stunden des Jom Kippur werden mit Fasten und Gebet verbracht. Den ganzen Tag finden Gottesdienste statt. Die Versöhnung mit Gott ist bedingt durch die Versöhnung mit Menschen: Bis zum Jom Kippur sollen zwischenmenschliche Konflikte und Unrecht ausgeräumt werden. Der Bußtag endet mit dem Blasen des Schofar.

Sukkot, 15.–22. Tischri

Das Laubhüttenfest beginnt nur vier Tage nach Jom Kippur. Es geht auf 3. Mose 23, 42 f. zurück: „Sieben Tage sollt ihr in Laubhütten wohnen. Wer einheimisch ist in Israel, soll in Laubhütten wohnen, damit eure Nachkommen es wissen, dass ich die Kinder Israels habe in Hütten wohnen lassen, als ich sie aus Mizrajim geführt habe. Ich der Ewige, euer Gott!" Es ist ein Erntefest und Erinnerung an Gottes Führung und Fürsorge. Im Garten oder auf dem Balkon wird eine Hütte (Sukka, Pl. Sukkot) aus Stangen und Zweigen gebaut und mit Früchten geschmückt. Durch das Dach muss der Himmel zu sehen sein. In der Hütte werden die Festwoche hindurch Mahlzeiten eingenommen, studiert, gespielt oder auch übernachtet. Zum Gottesdienst gehört ein Strauß aus Palmenzweig (Lulaw), aus Myrte (Hadassim), aus Weide (Arawot), und einer Zitrusfrucht (Etrog).

Simchat Tora, 22. Tischri

Zum Schluss des Laubhüttenfestes wird im „Fest der Gesetzesfreude" die Freude über die Gabe der Tora ausgedrückt.

Im Laufe der Gottesdienste eines Jahres wird die ganze Tora in 52–54 Abschnitten durchgelesen. An Simchat Tora wird die Tora zu Ende gelesen und gleich wieder vorne begonnen. Dann werden die Torarollen in einem festlichen Umzug durch die Synagoge getragen.

Chanukka, 25. Kislew–1. Tewet

Das achttägige Fest erinnert an die Weihe des Tempels in Jerusalem im Jahre 164 v. Chr. Unter Antiochus IV. Epiphanes wurden die Juden verfolgt und der Tempel in Jerusalem entweiht. Unter Judas Makkabäus eroberteten die Juden den Tempel zurück, reinigten und weihten ihn neu. Für die Weihe des Tempels war besonders reines Öl notwendig, das aber nur in einer kleinen Menge vorhanden war. Auf wunderbare Weise reichte es für acht Tage. Aufgestellt wird eine Chanukkia mit acht Armen und einem Arm für die Hilfskerze, mit der jeden Abend eine Kerze mehr auf dem Standleuchter angezündet wird.

Tu bi Schwat, 15. Schawat

Tu bi Schwat ist nichts anderes als das ausgesprochene Datum, einer der vier Neujahrstage. Zu Beginn der Obstbaumblüte und der Pflanzzeit in Israel werden Bäume gepflanzt und Geschichten von Bäumen erzählt. Rabbi Jochanan ben Sakki lehrte: Wenn der Messias kommt, sollen die Menschen alles stehen und liegen lassen. Wer aber gerade einen Baum pflanzt, der soll den Baum pflanzen und dann erst den Messias empfangen.

Purim, 14. Adar

Das „Losfest" geht zurück auf das biblischen Buch Esther: Haman, ein mächtiger Mann im perserischen Reich, verlangte, dass alle Untertanen vor ihm niederknien sollten. Der Jude Mordechai weigerte sich. Daraufhin plante Haman die Vernichtung der Juden. Der Zeitpunkt wurde durch das Los („pur") bestimmt. Königin war zu der Zeit Esther, Jüdin und Nichte von Mordechai. In Fasten und Beten sammelte sie Kraft für die lebensgefährliche Aufgabe, König Ahasveros von der Unschuld der Juden und dem Unrecht der geplanten Verfolgung zu überzeugen. Es gelang ihr. So wird am Tag vor Purim, an Ta`anit Esther, gefastet und an Purim dann eine ausgelassene Maskerade gefeiert. Die Esther-Geschichte wird erzählt und aufgeführt. Bei der Erwähnung von Haman lärmt das Publikum möglichst laut.

Pessach, 15.–22. Nissan

An Pessach wird die Befreiung aus der Knechtschaft in Ägypten gefeiert. Pessach heißt „Vorübergehen": Der Anfang des 2. Buch Mose erzählt von der Geburt und Berufung des Mose und den zehn Plagen, die die Ägypter zwangen, die Israeliten ziehen zu lassen. Zuletzt ging ein Engel von Haus zu Haus und brachte den Erstgeborenen den Tod. An den Häusern der Kinder Israels aber ging er vorüber (daher der Name Pessach) und verschonte sie.

Pessach beginnt mit dem Sederabend am 14. Nissan und dauert acht Tage. Der Sederabend ist eine gemeinsame Mahlzeit der Familie mit Freunden, bei der die Mose-Erzählung in einer liturgischen Form, der Pessach-Haggada, gelesen wird. Der Leiter – bei liberalen Juden auch die Leiterin – eröffnet den Seder mit einem Segen über dem ersten Glas Wein. Vier Gläser Wein symbolisieren die vier Verheißungen an Israel: „Ich werde euch aus der Zwangsarbeit für Ägypten herausführen. – Ich werde euch aus der Versklavung befreien. – Ich werde euch erlösen. – Ich nehme euch als mein Volk an" (Exodus 6,6).

Passend zur Geschichte werden die symbolischen Speisen auf der Seder-Platte verzehrt: Bitterkräuter – für die Leiden der Sklaverei; Charosset – Fruchtmus, für den Mörtel, der zum Hausbaus gebraucht wurde; Salzwasser für die Tränen des Volkes, Petersilie und Sellerie, ein hartgekochtes Ei, ein gebratener Knochen, deren Deutungen variieren. Drei Mazzot liegen zugedeckt auf dem Tisch. Sie erinnern an den schnellen und unvorbereiteten Auszug, bei dem für die Sauerteigzubereitung keine Zeit war.

Die Omerzeit

An Pessach schließt sich das Omerzählen an: Fünfzig Tage bis Schawuot. Nach der Zerstörung des Zweiten Tempels (70 n. Chr.) wurde sie zur Trauerzeit.

Jom haScho´a, 27. Nissan

Das israelische Parlament hat den 27. Nissan als Trauertag für die Opfer der Shoa (Holocaust) festgesetzt. Es ist der Tag der Niederschlagung des Aufstands im Warschauer Ghetto am 16. Mai 1943.

Schawuot, 6. Siwan

Nach den sieben Wochen Abstand zum Pessachfest wird dieses Fest „Schawuot" – „Wochenfest" – genannt. Schawuot kann auch „Gelübde" oder „Schwur" bedeuten und in diesem Sinne hat das Fest seine Hauptbedeutung: Gefeiert wird der Bündnisschluss zwischen dem Volk Israel und Gott am Berg Sinai durch die Gabe und Annahme der Tora. Die Verbindung von Pessach und Schawuot durch das Omerzählen verweist auf die Zusammengehörigkeit von Freiheit und Gesetz. Manche verbringen den Abend und die ganze Nacht im Torastudium. Im Gottesdienst wird das Buch Ruth gelesen. Ihre Geschichte verbindet Missernte und Ernte mit der Aufnahme als Fremde im Volk des Bundes.

Tischa b`Aw, 9. Aw

Am 9. Aw der Jahre 586 v. Chr. und 70 n. Chr. wurden der erste und der zweite Tempel in Jerusalem zerstört. Später werden weitere Vertreibungen und Pogrome mit diesem Datum verbunden. An diesem Trauertag wird 24 Stunden gefastet. Im Gottesdienst werden die Klagelieder Jeremias rezitiert sowie Klagelieder aus mittelalterlichen Judenverfolgungen.

Vgl.: Ursula Sieg, Feste der Religionen. Werkbuch für Schule und Gemeinde, Düsseldorf 2003.